「型破り」の発想力

齋藤　孝

祥伝社黄金文庫

はじめに

本書のテーマは**「発想力」**です。

今回、発想力をテーマにしたのは、これからの時代、新しいアイデアを発想し、新しいものを**創造する力（クリエイティビティ）**こそが、最も人間に求められる能力だと思うからです。

いま世界では、ＡＩ（Artificial Intelligence／人工知能）がものすごいスピードで進化しています。これまで機械が人間に勝つことはできないだろうといわれていた囲碁や将棋の世界でも、最近では人間が勝つことのほうが難しくなってきています。ＡＩは、わたしたちが当初予想していたよりもずっと速いスピードで進化しているのです。

ＡＩの進化を加速させたのは、ディープラーニングという機械学習における新技術です。既存の機械学習では、答えの出し方を人間がコンピューターに教えなければいけなかったのに対し、ディープラーニングでは、失敗や成功などいろいろな経験の蓄積から、ＡＩ自身がデータの特徴を抽出《ちゅうしゅつ》し、最も良い答えを導き出せるようになります。つまり、コンピューターが勝手に勉強していくのです。

将棋や囲碁など、無限と言ってもいいほどの可能性がある場合でも、勝利の道筋をあっという間に導き出すことが可能になったのはこの学習技術が開発されたおかげです。

このままAIが進化していったら、人間の仕事は大半がコンピューターに奪われてしまうと言う人もいます。仮にそうなったとして、そのとき、人間に求められるのは何でしょう？

わたしは、それはもはやAIに勝つことではなく、AIを使いこなす能力、具体的に言えば新たな価値を創造する能力だと思います。

クリエイティビティは、日本人が最も苦手とする能力だと思っている人が多いように感じます。しかし、わたしはまったくそんなことはないと考えます。なぜなら、過去の日本人がつくり上げてきた文化や芸術を見れば、その素晴らしい創造力が溢《あふ》れているからです。

そこから、

●現代に生きるわたしたちが仕事や学問をするうえで役立つ知恵を学べないか？
●日本人ならではの発想力・創造力を身につける方法はあるか？

という問いを追究した成果がこの本です。

本書で取り上げるのは、能を大成した世阿弥《ぜあみ》、武術を極《きわ》めた宮本武蔵《みやもとむさし》、蕉風俳句《しょうふうはいく》を創始した松尾芭蕉《まつおばしょう》、わび茶を完成させた千利休《せんのりきゅう》、そして江戸時代を代表する浮世絵師である葛飾北斎《かつしかほくさい》の五人です。

彼らはみな、新しい価値を世界的な基準で創造し、その道を極めた、日本が誇るべき「巨人」たちです。彼らはどのようにして、それを成し遂げたのか。その発想のポイントを見ていくことで、どのように工夫していけば新しい価値を生み出すことができるのかを学ぶことができるはずです。

二〇一七年二月

齋藤《さいとう》 孝《たかし》

「型破り」の発想力 ——目次

序章 実は、日本人はこんなにクリエイティブだった！

第一章

「型」を身につけることから始める――世阿弥

第二章

必ず結果を出すための「吟味・工夫・鍛錬」

——宮本武蔵

第三章

発想力は「目のつけどころ」である
——松尾芭蕉

第四章

価値観そのものを創り出す
——千利休

第五章

江戸時代のクールジャパン
——葛飾北斎

装丁　フロッグキングスタジオ

［序章］

実は、日本人はこんなに クリエイティブだった！

日本人は自分で思っている以上にクリエイティブ

わたしは、日本人のクリエイティブ能力は、自分たちが思っているよりずっと高いと思っています。事実、二〇一六年にアメリカのアドビシステムズ（Adobe Systems）が行なった「クリエイティビティ（創造性）」に関する調査では、世界で最もクリエイティブな国は日本だという結果が出ているのです（Adobe Systems「State of Create: 2016」）。

ところが、二位以下の他の国では「あなたはクリエイティブですか？」と聞かれると、多くの人がイエスと答えるのに対し、日本ではなんと四分の三の人が、自分はクリエイティビティを充分に発揮できていないと答えているのです。

日本人は「自分たちは創造的ではない」という誤った思い込みをしているということです。

日本は明治以降、西欧の文化を必死になって取り入れてきました。そのため、いつしか外国のものは素晴らしくて、自分たちは外国の真似《まね》ばかりで創造的ではないと思い込んでしまったのかもしれません。

そろそろ、こんな間違った思い込みは払拭《ふっしょく》しなければなりません。

実際、自分なんか、と言っている人でも、少し厳しいミッションを与えると、苦しみながらも立派にミッションをクリアしてしまう人がほとんどです。

わたしは大学の授業中、よく「むちゃ振り」をします。たとえば、「世相を反映したショートコントをいますぐつくれ」などと言うと、学生たちはみんな「エーッ！」と困惑しながらも、五分ほどでちゃんと見事なコントをつくって披露《ひろう》してくれます。

ビジネスの世界を見ても、日本人の創造力の高さは至るところで見出すことができます。

その典型的な例が、新幹線の車内清掃です。

先日、アメリカのハーバード大経営大学院で、日本の新幹線の清掃が必修教材に採用されたという記事が新聞に載っていました（二〇一六年九月二日『毎日新聞』）。

実はこの清掃、海外では「奇跡の七分間」と呼ばれるほど高く評価されているのです。わたしも、新幹線の清掃が非常に見事な手際で、あっという間に効率よく行なわれているのを見るたび、その無駄のない動きに感心していました。

海外で「奇跡」と評されるこの清掃も、その中身を見ていくと、作業の順番を少し入れ替えて効率的にしたり、道具を車内で使いやすいように加工したり、乗客に降りる際にリクライニングを元の位置に戻すようお願いするなど、小さなひと工夫を一つひとつ積み重ねたものだということがわかります。

　価値を創造するというと、とても難しいことのように思うかもしれませんが、すべきことはそれほど難しいことではありません。

　実際ビジネスの現場では、お客さんの前に食べ物を出すときに、ちょっと向きを変えたことや、出す順序を入れ替えたことなど、ほんの少しの工夫が大きな価値につながったということがよくあります。つまり、**「ひと工夫」の発想力**でいいのです。

　一つひとつは小さな工夫であっても、積み重なればその結果は大きな違いを生み出します。

　たとえばコンビニ。日本のコンビニでは、新たな商品やサービスがものすごい勢いで日々更新されています。そのため、五年前のコンビニといまのコンビニでは、まったく別の業態と言っても過言ではありません。いまのコンビニは、銀行や宅配便はもちろん、行政や介護などさまざまなサービスまで提供しています。

　商品も多岐にわたります。先日わたしが見て感動したのは「鯖《さば》の塩焼き」です。なんと骨が一本残らず抜かれていたのです。スイーツのクオリティも非常に高く、某コンビニのマンゴーアイスなど、本物のマンゴーの果肉を凍らせたものなのではないのかと思うほどの見事な出来映《できば》えでした。

わたしたちはこうした状況に慣れてしまったため見逃していますが、これらの商品が棚に並ぶまでには、数百、あるいは数千を超える工夫が積み重ねられているのです。

この過剰とも言える更新は、この先もとどまることはないでしょう。なぜなら、この状態が当たり前になっている消費者はすっかり贅沢《ぜいたく》に慣れ、無意識のうちに、より高いレベルのサービスを常に要求しているからです。

日本人は長らく、自分たちが作るものは、しょせんは進んだ欧米文化の真似やアレンジに過ぎない、つまり、自分たちがしているのは「創造」でも「発想」でもなく、精度を高めただけだと、低い自己評価しかしてきませんでした。

でも、世界はそうは思っていませんでした。

そのアレンジの仕方こそが画期的なもので、とてもクリエイティブだと評価されているのです。他に類を見ないトイレの進化や、ルーツは他国にあるものの、すでに日本ならではのグルメとなっているカレーやラーメン、そして漫画やアニメのキャラクターなど、日本は新たなアイデアが止まらない国として世界から認知されているのです。

「自分はクリエイティブではない」というイメージを変えてみる

日本市場では常に更新が求められています。

満足を知らないこのいわば〈更新要求〉は、新たな価値を次々と生み出す原動力になっていると同時に、労働現場には大きな圧力としてのしかかっています。

これは別に日本だけのことではないのかもしれませんが、〈更新要求〉の厳しい国においては、商品もサービスも常に進化させつづけなければなりません。そのため、この〈更新圧力〉をつらいと感じてしまうと、働くことそのものがつらくなってしまいます。

先日、あるテレビ番組でフリーターの人たちをたくさん集めて討論会をしていました。その中に「自分は単純労働ならできるけれど、複雑なことができない。そのため会社の中で大事な仕事ができず、ずっと非正規雇用で、労働状況もずっと悪いままです」と、訴えている人がいました。

では、そういう人はどうすればいいのでしょう。

まずは**「自分は複雑な仕事はできないのだから、新たな価値を生み出すことなんかでき**

ない」という間違った思い込みを捨てることだと思います。

ビジネスの世界はいま、次々と新しい価値を生み出していかないと、企業自体が存続できなくなっています。少しくらい性能を上げたり機能を付け加えたりしても、すぐに他社に追いつかれてしまうからです。そのため、生き残っていくためには常に商品に新しい価値を付加していかなければなりません。

これはものに限らずサービスにおいても同じです。どんなに質の高いサービスでも人はすぐに慣れてしまいます。そのため、これまでにない「価値」を考案して付加することが求められます。

しかし、先ほども言いましたが、価値の創造とは、ごく簡単に言えばいまあるものをより良くする「ひと工夫」の発想力です。

少々強引かもしれませんが、そう割り切ってしまったほうが、肩の力が抜けて柔軟な発想ができるようになると思います。

実際、小さな「ひと工夫」なら誰にでもできます。アイデアというのは何気ないところに転がっているからです。

たとえば、現在スーパーやコンビニのレジ横は、販売戦略上とても重要な売り場になっていますが、あれも最初は、誰かが「レジ横に置いたら買いやすいんじゃないか」と気づいたことに始まっています。相手に対する誠意や優しさ、そういう気持ちがあれば、こうしたほうがよいなと気づく。そして、「気づき」を実際のビジネスに活かすのもちょっとした工夫の一つです。

重要なのは、自分の発想や工夫に自信を持つことです。自分には価値を生み出すことなどできないと思っていると、自分の能力を自分で見限ることになり、自らを単純労働の枠にはめてしまいます。

福澤諭吉《ふくざわゆきち》は明治の初めに、すでにこのことを見抜いていました。だからこそ彼は「『天は人の上に人を造らず、人の下に人を造らず』と言えり」と書いたのです。

でも、彼は同時に、これはあくまで原則で、現実社会には大きな差があり、その差はどこから来ているのか、どうすればその差を乗り越えることができるのか、ということについても言及しています。

福澤の答えは、彼の本のタイトルそのまま『学問のすゝめ』です。

人に差が生じるのは、学んだか、学ばないかによる。学んだ人は責任の重い複雑な仕事ができるようになるが、学ばない人は簡単な力仕事しかできない。簡単な力仕事しかできない人は、いつまでたっても成長できない。重要な仕事や複雑な仕事は、学ばないとできないのだから、みんな学ばないといけない、というのが福澤の主張です。

ここで福澤の言う「学ぶ」とは、実学のことです。いま、多くの人は高校・大学で勉学をしますが、どうやらそれが実際に役立つ実学になっていないのが現状のようです。

明治以降、西欧の文化を取り入れることに必死になってきた日本人は、いつしか自分たちは外国の真似ばかりで創造的ではないと思い込んでしまいました。しかし、それより以前、すなわち江戸時代に至るまでの日本文化を振り返ってみれば、そこには多くの創造的な仕事や、新しい発想が生み出されてきました。

それらを客観的に見れば、日本のクリエイティブ能力がいかに高いかわかるはずです。常に新しいもの、より素晴らしいものを生み出していく更新力の高さ。これほどアイデァが、温泉のように絶えず湧《わ》き上がっている国はそうはありません。

そこで本書では、日本人なら誰もが知っている有名な歴史上の人物五人を取り上げ、彼らの類《たぐ》い稀《まれ》な発想力・創造力の素晴らしさをご紹介します。

そして、彼らの知恵から、現代に生きるわたしたちが仕事や研究などをするうえでも役立つ発想力の秘訣を解説していきます。

発想の原動力はどこにあるか

近年、文部科学省の学習指導要領は、アクティブラーニングを柱とする方向に舵《かじ》が切られています。アクティブラーニングとは、自分で調べ、自分で学び、さらに仲間とのディスカッションを通して新しいものを生み出したり、問題を探求・解決していくという能動的な学習方法です。

文科省は、これによって問題解決力が身につくとしています。確かに早い時期からアクティブラーニングを取り入れることはいいことだと思いますが、現行の日本のアクティブラーニングには、一つ問題があるとも思っています。

それは、問題解決そのものが何を原動力として成り立っているのかを明確にするステップが欠けていることです。このことがはっきりしないと、学習自体が行き当たりばったりになってしまう危険性があります。問題解決の原動力とは、わかりやすく言えば、何のためにそれをするのか、ということです。目的が不明確なまま話し合いをしても、時間の無駄になりかねません。

自分で学習したり、みんなで話し合いをするときに大切なのは、いま何が問題なのか、その問題を解決するにはどうすればいいのかということを、集めた情報をもとに次々と問いを立てながら、他の人と協同し思考を深めていくことです。そうすることで、初めて具体的な「気づき」が得られます。

発想の原動力は、突き詰めると「世の中の総幸福量を増やす」ことだと、わたしは思います。実際、ビジネスにおいても、文化においても、幸福の絶対量を増やしていくためにこそ、人は新しいものを生み出しています。

ビジネスの目的は利益だと思いがちですが、利益は誰かを幸福にすることで得られる対価です。こんなにおいしいアイスはいままでなかった。そうした幸福を感じる人が多ければ多いほど商品は売れ、ビジネスとして成功していきます。

本書に登場する五人の巨人たちは、この人がいたからこそ、こういう楽しみが生まれたという「幸福の土台」を創造した人たちです。

たとえば、いま日本では俳句人口一〇〇〇万人以上と言われるほど俳句が人気ですが、松尾芭蕉はその源流であるとともに頂点に位置する存在です。

俳句は何を目指せばいいのか、あるいは、俳句というものの理想型を芭蕉が示してくれているので、人々はそれを目指して句をつくることで、俳句というものの本質を見失わずに楽しむことができるのです。

芭蕉によって、これだけ多くの人が俳句を楽しむことができるようになりました。そう考えると、俳句というものを革新した芭蕉は、現代のフェイスブックにも負けない巨大なサービスをつくり上げた大創業者だと言えます。

このように考えれば、それぞれタイプの違う五人の巨人たちの価値創造を見ていくことで、そこから自分の仕事に活かすヒントや、エネルギーをもらうことができるはずです。巨人から学ぶときに大切なのが、彼らを、自分とはかけ離れた存在だと思わない、ということです。

世阿弥や武蔵、芭蕉というと、雲の上の存在だと思いがちです。実際、「わたしは武蔵を尊敬しています」と言う人はいても、「わたしは日々、武蔵や芭蕉を意識して仕事をしています」と言う人はまずいないでしょう。そもそも、これまで仕事にこの五人を活かすという発想をしたことすらないのではないでしょうか。

時々、自分の中には坂本龍馬《さかもとりようま》が生きていると言う経営者はいますが、「自分の中には世阿弥が生きている」と言うビジネスパーソンはまずいません。そういう意味では、この五人は、誰もが知っている巨人でありながらビジネスに彼らの発想を活かした人がいない、まさに盲点の巨人たちなのです。

もちろん坂本龍馬も日本を代表する巨人の一人ではあると思いますが、発想力、それも新しい価値を創造するということにおいては、本書で紹介する五人は世界基準で見て優れていると思います。

アレンジが生み出す価値

それに、これからは文化的な価値がいよいよ重要性を増すと考えられます。

リオオリンピックの閉会式で行なわれた日本を紹介するパフォーマンスを見てもわかるように、日本を代表する文化は、もはや桜と富士山ではなく、アニメとゲームです。リオで紹介されたのは『ドラえもん』と『キャプテン翼』、「スーパーマリオ」などでしたが、他にも日本には、『ドラゴンボール』や「ポケモン」など世界に誇りうるコンテンツがまだまだ数多くあります。

そのコンテンツの元となっているのが日本の漫画です。

日本では世界でも高く評価される創造性に富んだ漫画作品が次々と生まれています。わたしは漫画家の人と会って話をする機会がよくあるのですが、漫画で最も大切なのは、作品の**世界観**を読者に受け入れてもらうことだと言います。

漫画というのは非常にいいメディアで、頭の中で面白いことを考えられさえすれば、ペンと紙だけで一つの世界観を表現することができます。世界観を表現するということでは映画も同じですが、映画は大変な人数と費用と時間がかかりますが、漫画は、それをほとんど自分一人で、せいぜい数人のアシスタントがいれば完成させることができるのです。

また、日本人が得意なことの一つに**「アレンジ」**があります。

モーツァルトの曲やビートルズの曲などは、いろいろなミュージシャンによってさまざまなアレンジがされています。アレンジに堪《た》えるということは、元の曲にそれだけ力があるということですが、アレンジによって原曲にはない新たな魅力が生まれることもあります。

たとえば山形県出身のシンガーソングライター朝倉《あさくら》さやさんは、「なまりうた」と称していろいろな楽曲を民謡アレンジし、山形弁で歌うということをしています。

どの曲もいいのですが、中でもわたしはゴールデンボンバーの「女々しくて」をアレンジしたものが大好きです。あれを聴いていると、改めて「女々しくて」という曲の良さがわかります。

そういう意味では、いろいろなアレンジに堪えうる骨太な元をつくることが最も根本的な価値の創造ではあるのですが、それをアレンジして新しい味わいをつくり出すというのも、立派な価値創造だと言えます。

わたしが、アレンジという価値創造が無限の可能性を持っていることを実感したのは、もう十数年前のことになりますが、「にほんごであそぼ」というテレビ番組で、宮澤賢治《みやざわけんじ》の『雨ニモマケズ』を一般の方にいろいろな方言で朗読してもらったときです。もちろん宮澤賢治自身の言葉である岩手の方言もいいのですが、沖縄の方言や広島の方言でやってみると、全部味わいが違い、「みんな違ってみんないい」のです。

日本人は、無から新しい価値を生み出す創造性については現実より自己評価が低いのですが、アレンジ能力の高さは自他共に認めるところです。

アレンジは無限の可能性を秘めています。アレンジができる人は、新しい価値を無限に生み出せる人になりうるということです。

ですから自信のない人は、まずはアレンジからでもいいので、自らの創造力に自信を持ち、五人の巨人たちから得たヒントを、日々の仕事に活かしていただきたいと思います。

「勝負意識」と「理想の追求」という両輪

現代の仕事というのは、常に「負けられない戦い」の連続です。

戦いの相手は競合他社であったり、顧客だったり、あるいは先輩やかつての自分自身かもしれませんが、その戦いに勝たなければ生き残ることはできません。仕事を更新していくためには、**勝負意識**が絶対に必要なのです。

しかしその一方で、仕事には、時間的にもっと長いスパンで考える**究極の価値を目指す**、という気持ちも必要です。なぜなら、目の前の競争だけだとストレスによって精神が疲弊《ひへい》してしまうからです。人は、理想を目指すことでエネルギーの枯渇《こかつ》を防げるのです。

勝負意識と理想の探求は、どちらもなくてはならないものです。

究極の理想ばかり求めて短期的な勝負をしないでいると、理念ばかり語って、現実には何の役にも立たないという人になってしまいます。実際、立派なことばかり言っているけど、現実的にはまったく新しいことを生み出せない人がいます。

反対に、短期的な勝負意識が強く、目の前のことに追われるような仕事ばかりしている人は、ストレスで仕事自体を嫌いになってしまったり、目的を見失ってしまったりする危険性があります。

短期的な勝負意識と究極の価値をじっくり追求する仕事、この異なる作業を両方バランスよく行なっている状態が理想です。

その点、本書で紹介する五人の巨人たちは、この二つを絶妙のバランスで併《あわ》せ持ち、最後まで世の中に対してエネルギーを失わずに生き続けられた人たちだと言えます。

思想的な深みを持ちつつ、目の前にあるものを新しくしていく「創造エネルギー」を発揮する。

わたしたちは、彼らのような巨人にはなれないかもしれませんが、彼らに学ぶことで、思想的な理想を持ちながら、目の前のことを工夫して乗り越えていける発想力を持てるようになるはずです。

目の前の仕事に追われて嫌になったときは、理想に立ち返ればいいのです。そうすると、自分の仕事の本来の目的が見えてくるので、目の前のことにも覚悟を決めて立ち向かうことができるようになるでしょう。

また、理想を掲げすぎて現実が行き詰まったときは、あれこれ考えずに、目の前の問題を解決することだけに集中すればいいのです。

たとえば営業なら、自分で「今日は○個売れば勝ち」というように短期的な目標を決めて、一つずつそれをクリアしていく。小さな課題を設定し、短いスパンで達成感を積み重ねることができれば、まるでスポーツをしているかのように活気が出てきます。ストレスの抱えすぎはよくありませんが、適度なストレスはむしろ活力をもたらすのです。

クリエイティブになるために必要な「勇気」

実際、わたしは授業で学生の集中力が途切れてきたなと感じると、学生たちをグループに分けて課題を出し、コンテストにして競わせるということをします。すると見事に活気が出てきます。グループ毎《ごと》に必死に課題を考えて、競い合うとクリエイティブになりやすく、コンテストにすることで緊張感と競争意識が生まれます。

他人の評価にさらされるのはストレスですが、個々が勇気を振り絞って一緒にそのキツさを乗り越えることでグループのチームワークも良くなります。

ここで勝負の明暗を分けるのは、自分の身がさらされる環境で踏ん張る「勇気」です。

この「勇気」こそがクリエイティブなエネルギーの発露につながっていくのですが、日本人が創造力を発揮するのに、一番の足枷《あしかせ》となっているのがこの「勇気」の欠如なのかもしれません。

明治維新の立役者である西郷隆盛《さいごうたかもり》が大切にした言葉に「知（智）・仁・勇」というものがあります。

この言葉の源流は儒教の祖である孔子《こうし》の『論語』に見られる「知（智）の人は惑わず、

仁の人は憂えず、勇の人は懼《おそ》れず」という言葉です。知のある人は頭がよく判断力に優れているので惑わない。仁の人は、真心があり他人に誠実に接しているので憂いがない。勇の人は、勇気があるので何事が起きても慌てたり恐れることがない、という意味です。孔子が徳の中でもとりわけ「知・仁・勇」という三つを重んじたことから、「三徳」とも称されています。

この孔子の言葉は、儒学を取り入れた日本でも重んじられ、江戸時代の儒学者・佐藤一斎《さとういっさい》も人は「知・仁・勇」が大事だと述べています。実は西郷隆盛は、佐藤一斎の著書である『言志四録《げんししろく》』を終生の愛読書としており、『西郷南洲遺訓《なんしゅう》』（岩波文庫）には『言志四録』から抽出した言葉が一〇一個も書かれています。そして、もちろんその中には「知・仁・勇」の項目もあります。

この「知・仁・勇」を考えたとき、日本人は「知」と「仁」については世界的に見ても引けを取りません。勤勉ですし、微に入り細に入るような優しさも持ち合わせている。でも「勇」は、それに比べて欠けているように思います。

ここで言う「勇」はいわゆる勇気のことですが、蛮勇《ばんゆう》ということではありません。思い切って何かをするとか、何かをやったあとでぐずぐず後悔しないということですから、むしろ「覚悟」に近いものと言えます。

宮本武蔵が生きた武士の時代は、文字通り命がけの勇が求められた時代です。しかし、明治以降、武士の血統が絶えて久しくなって、日本人の勇は絶滅の危機に瀕《ひん》しています。

わたしは教師という仕事柄、常に若い人と付き合っています。いわば、二十代の日本人を定点観測していると言ってもいい状態なのでよくわかるのですが、日本人の若者は、年々、真面目《まじめ》でおとなしい人が増えています。わたしのような年代の人間には考えられないことですが、休講など望まない学生が増えてきているのです。

しかし、不思議なことに、彼らが真面目なのは事実ですが、真に学びに貪欲《どんよく》なのかというと、必ずしもそういうわけではないのです。高校生が毎日学校に行くように、彼らも大学に毎日通い、授業にもちゃんと出席しているのですが、そこに貪欲に学ぶ気概が感じられるかというとそうでもない。

わたしは、こうした状況の根底にあるのが「勇」の欠如だと思っています。

実は社会のマナーが良くなると、勇気というのは欠けがちになります。なぜなら、みんなお行儀が良いので、子供時代に、勇気を奮い立たせて何かを成し遂げるという機会そのものが失われてしまうからです。

おとなしい大学生たちでも、少々きついミッションを次々に課して、「創造的であらねばならない」状況に追い込んであげると、みな「勇」のスイッチが入り、見違えるように積極的になります。

蛮勇を掻き立てる必要はありませんが、乱暴さとは関係のない、価値創造における勇気は必要です。宮本武蔵からは、新しいものを生み出すための「勇気」というものを学んでほしいと思います。

新しい価値観をつくる

価値創造の最終目標は、価値観自体を新たに発想することです。

本書で取り上げた五人が「巨人」と言われるのも、彼らが新たな価値観そのものをつくり上げた人だからです。

千利休は、茶道に新しい価値観をつくり上げただけでなく、その美に対する考え方で日本の美意識まで変えてしまった巨人です。

彼は新しい価値観をつくり出し、「これが美というものだ」と言って、人々にそれを認めさせました。既存の美ではなく、それまで誰も美しいと言わなかったものを美しいと思わせてしまうのですから、それはすごいことです。

多くの人はあまり意識していませんが、何を美しさと見るかというのは、人によってずいぶん違います。

たとえば、水玉で有名な草間彌生《くさまやよい》さんの絵は、美しいと言う人もいれば、そうは思わないという人もいます。彼女の描く絵は、普通の意味で言うところの「きれいなもの」とは少し違います。彼女の絵を初めて見た人の中には、美しいというより、むしろ気持ちが悪いと感じる人もいることでしょう。

それでも草間彌生さんが何十年も水玉を描き続けてきたことで、何かすごいものだということは多くの人が認めている。

ある意味、世界が草間彌生に根負けしたという状態とも言えましょうが、彼女の絵がこれだけ高く評価されているということは、彼女の描いたものによって新たな美の世界が広がったのだと思います。

先日、草間さんの作品を早くからコレクションしてきたという人がテレビでコメントしていたのですが、その人は草間さんの作品を見た瞬間、これだと思ったと言っていました。そして、これは自分の年収に近いお金を掛けてでも買わなければいけないと思い、実際そうしたのだそうです。

当時、何百万という金額で買った絵は、いまでは何千万どころか、何億といわれるほどのすごい値段に跳ね上がっているものもあるそうです。

草間さんもすごいですが、もちろんこうした新しい価値に対する投資は損をする場合もあるわけですから、自分の直感を信じて勇気を出してお金を支払ったその人もすごいと思います。

美の世界は非常に大切な世界で、二十一世紀の仕事の中でも美意識が占める比重は非常に大きくなっています。

わたしが生まれたのは一九六〇年ですが、当時求められていたのは美意識以前の問題、トイレであれば、不便で不衛生な汲《く》み取り式のボットン便所を水洗にしたり、薪《まき》を割って燃料にしていた危険な風呂を安全なガス風呂にしたりと、実用性が重視された時代でした。

いま考えると危険な行為ですが、わたしも子供の頃はよく風呂焚《だ》きをしていて、薪の中にビー玉を入れたりして遊んでいました。でも、当時は、子供が薪で、風呂を沸《わ》かすのはごく普通の風景だったのです。

もちろんそうした時代でも、その時代なりのデザイン性はあったと思いますが、それよりもはるかに実用性が重要だったことは事実です。

現在、美意識の重要性が増してきているのは、もはや機能は行くところまで行き、デザインや美しさというもの自体が価値を持つようになってきているからだと考えられます。

アップル社の製品が世界中で支持されているのも、やはりデザインが群を抜いて素晴らしいからです。

アップルのあの極限までシンプルにこだわったデザインは、創業者であるスティーブ・ジョブズの美意識を具現化したものでした。ジョブズは「ボタンは一つにしろ」と厳命し、二つも三つもボタンがついたものは絶対に受け付けなかったそうです。

「シンプルなものが最も美しい」というジョブズの美意識に基づいたアップル製品は、美しさを追求したことによって、結果的に操作もシンプルになり、機能性も高まりました。

これはとても画期的な変化だと思います。なぜなら、これまで性能や機能、実用性が高まれば、デザイン性や美しさは低下すると思われていたのが、ジョブズの登場によって逆転してしまったからです。

ジョブズは、何が最も美しいのかということを基準に、美しいからこその便利さ、という新しい価値を創造したのです。機能美という言葉がありますが、まさにそのものです。

「型」があるからこそ、「型破り」もできる

日本人のクリエイティブ能力の高さには、もしかしたら俳句を愛するような志向性、つ

まりシンプルに凝縮したものは美しいという感覚があるからなのかもしれません。だからこそ日本人は、俳句という短い詩型に非常に魅《み》せられるのだと思います。

俳句は限界まで切り詰めた言葉の型に、これほどまでの要素を詰め込むことが可能なのかと驚かされる、究極の詩です。そうした極限の型に落とし込む訓練をすることで、日本人の美意識は研《と》ぎ澄《す》まされてきたと言えます。

あるシンプルな型に自分を入れていくこと。すなわち、**型という制限があることによって、むしろ創造性が生まれる**のです。

日本人が型を好むのは、型によってみんながある一定のレベルまで上がることができるということもありますが、制限の中で生まれる新しい価値を楽しむ資質を持っているからなのではないかと思います。

ただし、同じ型を使い、同じことをしていても、そこで発揮されるクリエイティビティに、個人差が生じます。ここで**差を生み出すのは「意識の持ち方」**です。

同じマニュアルで、同じ仕事をやっていても、人によって仕事のクオリティは全然違います。たとえば、喫茶店のウエイターさんにも、「ああこの人は意識が違うな」と思う人がいます。

店に入ったとき、前回来たときのことを覚えていて、挨拶《あいさつ》をしてくれたり、いつもと違うものを注文すると、「今日はこちらでよろしいですね」と確認してくれたりする。そういう人は、単に記憶力の良し悪しではなく接客意識が違うのです。

いまは、そういう意識の違いというものが価値の違いになる時代です。

以前、わたしが教育実習の担当をやっていたとき、ある学生の実習先の校長先生が、実習生に最初に言ったのが「クラス全員の名前を憶えて、授業中は名簿を見ないで、生徒の顔を見て名前を呼びながら進めなさい」ということでした。

実習生がその言葉通りにしたところ、あの先生は自分の名前を覚えてくれているという信頼感から、生徒のやる気が高まり、クラスは活気が満ち、実習が終わるときにはみんなで別れを惜しみ大泣きしたそうです。

生徒の名前を覚えるという、それだけ見たら小さなことですが、本当に大切なものは、そういう小さなところにあるものです。そうしたことに意識が行き届き、指導してくれた校長先生は素晴らしい指導者だと思います。

こちらの意識が違えば、相手の意識も変わり、そこで生み出されるエネルギーが変わっていきます。

ですから本書では、巨人たちの発想力や創造力はもちろん、その根源にある意識というところにもぜひ注目して読んでいただきたいと思います。

意識が変われば、自分の中にエネルギーが湧き上がるのを感じるはずです。そしてエネルギーが満ちれば、同じ仕事をしていても楽しくすることができるようになります。

それは、意識が変わることで、それまで他人にやらされていると思っていたことが、自分の工夫次第でいくらでも変化しうるものに変わるからです。

与えられた場所で、自分なりに工夫や発想をしながら楽しんでいる。それこそが、創造的な人生であり、生きているということなのだと思います。

［第一章］

「型」を身につけることから始める

——世阿弥

能は世界トップクラスの演劇

世阿弥（一三六三？〜一四四三？）が成した仕事を一言で言うなら「能の大成」です。

いま、ミュージカルや演劇を見に行く人に比べれば、能をよく見るという人は少ないかもしれません。歌舞伎に比べてもだいぶ少ないイメージです。

ただ、フランスの知識階級など海外での評価は非常に高く、日本人なのに能をよく知らないと言うと、教養を疑われてしまうほどです。

わたしは、能の声楽（言葉や台詞）部分に当たる「謡《うたい》」を少し習ったことがあります。世阿弥が考えた脚本に沿って腹の底から声を出していると、自分が時代を超えて世阿弥とつながったような気分になりますし、舞台の上をすり足で歩くので足の下から振動が感じられ、地謡《じうたい》の人たちの声に気分も高揚します。

素人が教養の一環として習うのであれば、能はとても面白いものです。しかし、プロの演じる能は、面白いなどという言葉では片付けられないほど、すさまじい舞台芸術です。

能は、派手な舞台装飾もなく、役者の動きも非常にゆっくりです。しかも動きは基本的に決まった動作しかしません。能役者は、そうした静かな舞台の上で、圧倒的な「存在感」を示します。

彼らは立っていることがすでに芸術なのです。

「昭和の世阿弥」と称された観世寿夫《かんぜひさお》さんは、「能役者は空間を呼吸で動かす」と語っています。

不思議な表現ですが、どのようにして動かすのかというと、まず腰の後ろに位置する骨の一点に意識を集中させ、その意識を、呼吸を詰めたり開いたりすることで、遠くにまで届け、空間の緊張と緩和を操《あやつ》るのだそうです。意識を、呼吸を使って飛ばすというのは、ちょうどホースの口を絞ったとき水がピューッと遠くにまで届き、緩めると勢いが弱くなるのと同じようなイメージだと言います。

そんなことが本当に可能なのか？　と思ってしまいますが、実際、優れた能役者は舞台に立っているだけで美しく、ほんの少し動くだけで空間を自在に動かします。

しかし、能役者の呼吸というのは、基本的には観客に覚《さと》られないように非常に静かに行なわれます。その静かな呼吸を詰めたり開いたりすることで空間を自在に操るというのですから、これだけでも能がいかにすさまじい芸術なのかということがおわかりいただけるのではないでしょうか。

また、役者はお面の下で観客に覚られないよう静かに呼吸しながら台詞を語りますが、そのためには独特な発声法が必要になり、発せられた声にはこの世のものではないような怪《あや》しい存在感が生まれます。

能には大きく分けて、生きている人間だけが登場する「現在能《げんざいのう》」と、幽霊など霊的な存在が登場する「夢幻能《むげんのう》」の二種類があります。世阿弥は能の台本を数多く作り、夢幻能はその中で開発されたものです。夢幻能では、幽霊や神など霊的な存在が、この世の人に物語りをするというストーリーが典型的なパターンです。そして、その霊的な存在は、自らの荒ぶる魂を鎮めるためにクライマックスで舞い、やがて昇天していきます。

そうした独特の世界観を持つ夢幻能で能の独特な発声は、一層の舞台効果をもたらし**観客をその世界観に引き込みます**。特にそれが、夜、屋外で薪を焚いて、その揺らめく灯りの中で行なわれる「薪能《たきぎのう》」だったら――、まさにそこは夢幻の世界が広がります。

能の「面《おもて》」も世界観に貢献しています。

能面は明るいところで真正面から見ると無表情ですが、演者の動きによって、泣いているようにも、怒っているようにも、笑っているようにも、いかようにも変化します。

しかし、基本的には無表情ですから、その変化は摑みどころのないもので、その摑みどころのない世界に見るものをさらに引き込んでいくのです。

一子相伝で受け継がれてきた技

こうした能の世界観をこよなく愛したのが、室町幕府の三代将軍、足利義満《あしかがよしみつ》（在職一三六八～一三九四）です。

義満の時代、まだ「能」は確立しておらず、猿楽《さるがく》や田楽《でんがく》の名で、各地で行なわれていました。

そうした中で、一三七五（永和元）年、足利義満は観阿弥《かんあみ》（一三三三～一三八四）・世阿弥親子の演じる猿楽に出会い、その芸に感銘を受け、彼らの芸を庇護《ひご》することを決めます。この義満の庇護によって、観阿弥・世阿弥親子の猿楽は、能という芸術へと進化していったのでした。

現在、能は日本の伝統芸として、よく歌舞伎と並べ評されますが、わたしが習った能の先生は、能が歌舞伎と並列で語られることを大変嫌っていました。歌舞伎もとても面白い舞台演劇ですが、あくまでも大衆のための芸であって、能は武士の正式な儀式で執り行なわれるものなのだから、「格式が違う」と言うのです。

確かに歌舞伎は、いまでこそ「古典芸能」として扱われていますが、もともとはリアルタイムの事件を舞台化していたものです。『仮名手本忠臣蔵《かなでほんちゅうしんぐら》』などもそうですが、実際の事件を面白く脚色し、観客も下世話《げせわ》な関心でそれを見て、見た人が家に帰ってまたそれを真似て見せて楽しむという、町人たちの娯楽でした。

それだけに舞台演出も派手で、人が斬られる場面に「血糊《ちのり》」を最初に使ったのも歌舞伎だと言われています。

歌舞伎にはいまでも、既成概念にとらわれず、新しいものをどんどん取り入れて進化していく、いわば雑食系の芸能という一面があります。だからこそ、中村勘三郎《なかむらかんざぶろう》さん（一八代目）が演出家の野田秀樹《のだひでき》さんと組んで『野田版研辰《とぎたつ》の討《う》たれ』や『野田版鼠小僧』を歌舞伎座の舞台に掛けたり、市川猿之助《いちかわえんのすけ》（四代目）さんが人気漫画『ONE PIECE』を題材としたスーパー歌舞伎を上演したりするのです。

常に新しいものを取り入れ、話題を振りまいてきた歌舞伎と比べ、能は変化のない地味な芸だと思われがちです。

ただし、能も新しい作品を掛けることが禁じられているわけではありません。わたしが先生に聞いたところ、新作を禁じられているわけでも、新しいものにチャレンジしたくないわけでもないのですが、能は憶えなければならない楽曲が多いうえ、先ほども言ったように「生身を使った芸術」なので、伝わったものを自分の中に入れて、次の代に伝えるだけで精一杯だというのです。

いまは、楽譜のようなものがあったり、先代の舞を記録した映像が残っていたりもしますが、それでも能は、師から弟子へ、体から体へ、口から口へ、まさに一子相伝の技として受け継がれています。

しかも、能は演目が多いので、演目の中にはシテ（主役）として舞台で演じるのは、一生に一度というのもあるそうです。そうした演目も含め、すべてを次の世代に伝えるためには完璧に体に入れておかないといけないのです。

こうした厳しい伝統を守ってきたため、能役者たちは、幕府が倒れ武士階級の庇護が失われた明治以降は、非常に苦しい生活を余儀なくされました。能はそういう中で受け継がれてきた生きた芸術なのです。

競争社会を勝ち抜くための極意をまとめた『風姿花伝《ふうしかでん》』

世阿弥は父の観阿弥が創始した芸能「能」を完成させ、観阿弥から伝えられた芸の極意を『風姿花伝』という書にまとめました。

世阿弥はその生涯に多くの伝書を残しました。現在、二一冊の伝書が世阿弥の書として確認されていますが、『風姿花伝』は、それらの中で最初に著《あらわ》されたものです。

いまでは、『風姿花伝』は文庫本で誰でも手軽に読むことができますが、二十世紀以前は、一族の秘伝書として、その技とともに密《ひそ》かに受け継がれていたものです。

当たり前ですが、世阿弥はもともと古典芸能をつくろうとしたわけではありません。彼が『風姿花伝』で伝えたかったのは、伝統を守れということではなく、**どのようにしたら一族一門がこの競争社会を生き抜いていくことができるのか**、ということなのです。『風姿花伝』に書かれている、能の理論や演出技術はもちろん、演者としての修行法や心得といったものもすべて、そのためのものです。

観阿弥・世阿弥の生きた世界は、能の幽玄さからはかけ離れた、厳しい生存競争の世界でした。当時、猿楽を行なう座はたくさんあり、その中で将軍である義満の庇護を受けられるかどうか、貴族たちに受け入れられるかどうかは、文字通り彼らにとって死活問題です。ですから、大前提として、まずは将軍や貴族に気に入られなければなりません。

しかし、世阿弥がすごいのは、それだけで満足することなく、広く一般の人たちの評判も視野に入れていたことです。貴族と民衆ではタイプが違います。**このタイプの異なる観客を両方満足させることを、世阿弥は自らの課題として考えた**のです。

世阿弥は考え続けて新しい型をつくり、新しい価値観で勝負し、この競争に勝利しました。しかし、彼は勝利が永遠のものでないこともよく知っていました。だからこそ、一族に勝ち抜くための極意を書き残し、これだけは絶対に外に言うなよということで「秘伝書」として伝えたのです。

当時はいろいろな芸道で秘伝が流行《はや》っていたようです。もちろん、秘伝にする最大の目的は極意を他人に知られないようにすることですが、秘伝書があるというと正統と格式があるようでいかにも格好いいですし、それを伝えられた人は跡継ぎとして認められたということで非常にテンションが上がるというメリットもあります。

世阿弥は鬼夜叉《おにやしゃ》と名乗っていた一二歳のときに、父観阿弥とともに京都の今熊野《いまくまの》で催《もよお》した猿楽が将軍義満の目にとまり、寵愛《ちょうあい》されます。将軍のお気に入りとなったことで、一時期は社交界のアイドルのような存在になっています。

しかし、一三九九（応永六）年、京都の一条竹ケ鼻《いちじょうたけがはな》で勧進能が行なわれた際に、連日義満が彼の能を見たのをピークに、その後は将軍の寵を失い、第一人者の地位を失ってしまいます。

このとき将軍義満が世阿弥を見限り、新たに贔屓《ひいき》にしたのが、近江《おうみ》の猿楽、比叡座《ひえいざ》の「道阿弥《どうあみ》」（?～一四一三）でした。彼はもともと「犬王《いぬおう》」という名でしたが、義満が自らの法名である道義《どうぎ》から「道」の一字を与え、道阿弥と名乗るようになったのです。

一四〇八（応永一五）年に行なわれた後小松《ごこまつ》天皇の北山行幸《きたやまぎょうこう》のときに、ご馳走《ちそう》として催された芸能を務めたのも道阿弥の一座でした。

北山行幸は、義満の生涯を代表する邸宅、北山第《てい》で催された一大イベントです。有名な金閣寺はこの北山第の舎利殿として建てられたものです。しかも、史上初の「天覧能」でした。催しは連日行なわれたにもかかわらず、世阿弥は一度も指名されませんでした。

将軍の心をとらえた道阿弥の芸の特徴は「幽玄」でした。幽玄とは、微かに暗いという意味です。

わたしたちは世阿弥の能こそが幽玄だと思っていますが、当時は、全体的なムードや美を何よりも重んじた道阿弥の芸のほうが上品で幽玄な雰囲気をたたえた芸として、貴族たちに好まれたのです。

道阿弥の芸が幽玄なら、世阿弥の能は何かというと「リアリズム」でした。世阿弥は物まねや台詞の面白さや論理性を追求することで、リアルな人間描写を目指していました。

ちなみに、ここで言う物まねとは、現代の笑いを取るためのモノマネではなく、老人なら老人が出てきて、鬼なら鬼が出てくるという写実のことです。世阿弥は、こうしたリアルな表現の中で幽玄を実現していくことを目指していたのです。

「幽玄」対「リアリズム」の勝負は、当時の王朝懐古に傾いた貴族社会では、世阿弥のほうが分《ぶ》が悪かったのです。

しかし、ここで苦杯をなめたことによって、世阿弥は幽玄というものをとらえ直して、後に夢幻能という新しいかたちの芸を開花させるのです。

「秘すれば花」の「花」とは何か？

世阿弥は、父観阿弥がその基礎を築き、いまは自分が率いる観世座《かんぜざ》をなんとしても守らなければなりませんでした。

義満が幽玄という雰囲気芸を得意とする道阿弥のほうを好んだことで、貴族たちもみな幽玄な芸を良しとしてしまいました。世阿弥の芸は主流から外れてしまったのです。

芸を生業《なりわい》とする以上、観客に受け入れてもらえるものを見せなければなりません。

貴族たちに受け入れてもらうには、自分の芸にも幽玄を取り入れる必要がある。しかし、自分は物まねから入ってリアリズムの芸を追求しています。この自分の芸風を活かしつつ、どのようにすれば幽玄を出すことができるのか。

これは、いま風に言えば、**自らの強みを活かしながら、顧客満足を実現するにはどうすればよいか**、という問いです。

自分で自分に課したこの難問に、世阿弥はもがき苦しみます。そして苦しみ抜いた世阿弥が行き着いたのは、「花」でした。

世阿弥の伝書には「花」という表現が多く見られます。

最も有名なのが『風姿花伝』の「秘すれば花なり」という言葉です。他にも「めづらしきが花なり」という言葉も残しています。

彼の言う「花」とはどういうことなのでしょう。

この答えは、『風姿花伝』の「第七別紙口伝」に記されています。

人の心に思ひも寄らぬ感を催す手立《てだて》、これ花なり。

つまり、**花とは「人の心に意外性を感じさせる手段」**だと言うのです。

世阿弥は「めづらしきが花なり」とも言っています。珍しいこと、観客が思いもよらないことをすると「オッ」と驚く。この観客を驚かせるような手立てが花だというわけです。

花というと何か美しいもの、美の本質のようなものだと思いがちですが、そうとは限りません。世阿弥の言う「花」は、美であると同時に、人を引きつける魅力であり、人が思わず「ヘーッ」とか「オーッ」と言ってしまうような、意外性のある面白さも「花」だと世阿弥は言っているのです。

しかし、これは実際にはとても難しいことです。その難しさを示唆《しさ》しているのが、有名な「秘すれば花」という言葉に続く部分です。

一、秘する花を知ること。秘すれば花なり、秘せずば花なるべからずとなり。

これは簡単に言うと、**わかられてしまっていたら面白くない**、ということです。花は珍しくなければならないわけですが、もし観客が常に珍しいものを期待するようになったらどうでしょう。珍しいことが起きることを期待していたら、実際に珍しいことが起きても、それは「やっぱりね」と当たり前のことになってしまいます。これでは効果がありません。

観客は何も知らないほうがいいのです。知らなければ、「おや、意外で面白いな」ということになるからです。だから「秘すれば花」なのです。手立てはもちろん、その手立てが隠されていること自体を観客に覚られないように秘密にするからこそ効果のある手立てになるということです。

いまのお笑いの寿命が短いのは、一度ウケると同じネタがテレビで何度も繰り返され一気に消費されてしまうからだと、ビートたけしさんが言っていました。昔の漫才師は演芸場のようなところでしかやらなかったので、何度も舞台に掛けたネタでも、地方に行けば初めて聞くお客さんがほとんどでした。

ところがいまは、一度ブームになるとどこへ行っても「それ、見たことある」と言われてしまうので、新しいネタを次々と作らなければならない。でも、ウケるネタはそう簡単にできるものではありません。だからどうしても一発屋芸人が多くなってしまいます。

観客はすぐに飽きてしまうから、**常に新しい驚きを提供しつづけなければならない**。非常に厳しい世界ですが、まさに世阿弥もそうした世界に生きていたのです。

> 人の心にめづらしきと知る所、すなはち面白き心なり。花と、面白きと、めづらしきと、これ三つは同じ心なり。

面白いということと、珍しいということ、それと花は同じ心だと世阿弥は言っています。

面白いと思ってもらうためには、珍しいものを見せなければならず、珍しいと思ってもらうためには、常に新しいものを用意しなければいけない。大変なことですが、やるしかないのです。

世阿弥は浮き世離れした求道者の如《ごと》く、ひたすらに永遠の価値を追求していたように見えますが、実際には追い込まれていたのです。自分の芸が日々消費されていき、このまま何も工夫しなければ飽きられてしまう、そうした恐怖感の下《もと》に必死にやっていたのでしょう。

こうした恐怖感は、いま多くの人が感じていることだと思います。

おいしいと人気の飲食店も、うかうかしていると「もうこの味も飽きちゃったね」と言われてしまうかもしれません。いまはみんながネットで常に新情報を集めているので、ちょっと油断をしてしまうと、客足がスーッと引いてしまうということがあります。

だから、サービスを提供する側は、常に何かしらの工夫をしつづけなければなりません。そしてこの工夫と苦心の末、世阿弥は夢幻能という新たな価値を創造したのです。

「離見の見」で自己客観視能力を鍛える

「秘すれば花」とともに、世阿弥が残した有名な言葉に「離見《りけん》の見《けん》」というものがあります。

見所《けんじょ》より見る所の風姿は、我が離見《りけん》なり。しかれば、我が眼の見る所は、我見《がけん》なり。離見の見にはあらず。離見の見にて見る所は、則《すなわ》ち、見所同心《どうしん》の見なり。

これは世阿弥が六二歳のとき（一四二四年）に著した『花鏡《かきょう》』という伝書に見られる言葉です。このとき世阿弥は第一線を引退していました。

「離見の見」とは、演じている自分の姿を観客席のほうから見ること、つまり**「客観性」**を意味する言葉です。

観客の目で見ると、主観だけではわからない「自分のダメな部分」が見えてきます。時々、観客が面白くないと思っているのに、まったく他人の意見を聞かない独りよがりの芸人さんがいます。漫画家にも、一度成功してしまうと自己表現の世界に入ってしまい、次作がつまらなくなってしまうということがあります。

『週刊少年ジャンプ』（集英社）では、これを防止するために、常に読者アンケートを行ない、下位の漫画は連載途中でも打ち切りにしてしまうシステムを導入しています。このやり方は「少年ジャンプ方式」と言われていますが、それによって少年ジャンプではメジャーリーグのような過酷な入れ替えが常に起こります。

世阿弥の生きた世界にも、常に過酷な競争がありました。だからこそ世阿弥は「離見の見」、離れたところから自分を見ることが大事だと説いたのです。

自分に客観性が身についているかどうかは、他人の評価と自己評価のズレでわかります。

事実、勉強ができるようになる人の特徴に、テストが終わった瞬間に自分が何点取れたか、ほぼわかるというものがあります。客観性がある人は「今日は八五点かな」と、五点刻みくらいでそれを見事に当ててきます。

自分の感覚と成績が一致するというのは、自己客観視能力があるということですから、自分のわかっていないところがどこかわかる、ということです。こうした人は着実に点が上がっていきます。

逆に怖いのが、結構いけたと言いながら点数が悪い人です。要は、自分が何ができて、何ができないのか、まったくわかっていないのです。

テニスでも、自分がどのぐらいの距離でラインアウトしたかを正確に言える人は上達が早いそうです。

テニスコーチのW. ティモシー・ガルウェイが考案した「インナーゲーム理論」に基づ

く指導法では、サーブがオーバーしてしまう人には、自分がどのくらいアウトしたのかを言わせるという方法をとっています。この指導法のポイントは、たとえば本人が「五〇センチ」と申告したら、コーチが即座に「一メートル」と実際の数字を言うことです。正確な情報（客観的な数字）を伝えることで、感覚を修正するのです。

これはコーチという他者を使って「離見の見」の感覚を身につける練習法だと言えます。仕事においても、自分のやったことがどういう成果を上げたのかを客観的に伝えてくれる人がいると、客観性が身につきやすくなります。

たとえば、「結構声が出ていたと思っているかもしれないけれど、実際にはまだ声は出ていなかったよ」とか、「お客さんの表情をちゃんと見た？　自分では見ていたと思うかもしれないけど、お客さんの表情が一瞬曇《くも》ったのに気がついた？」と言うように、自分では気づかなかったことでも、横にいる上司にはわかるものです。

そうした指摘を繰り返し聞くことで、だんだんと自分の中に、自分を客観視するための物差しができあがってきます。

世阿弥自身、離見の見を身につけるのに苦労したからこそ、秘伝として「離見の見」を体得することの大切さを述べたのだと思います。

世阿弥は義満の寵を失い、**生き残っていくために、新たな価値の創造を余儀なくされま**

した。そのために彼は、自分の売りは何なのか、自分が見せられるものは何なのか、観客の求めているものは何なのか、それらすべてを考え抜き、すり合わせてきました。

これは**現代におけるマーケティングの理論**に、よく当てはまります。

物まねという自分の得意なものをなくしてしまうと、道阿弥と同じ幽玄な雰囲気をつくり上げる芸で競わなければならなくなる。でもそれでは、自分の特徴が失われてしまう。自分ならではの武器は活かしつつ、貴族の好む幽玄な雰囲気をつくり出すには、自分の姿が彼らの目にどのように映るのかを知らなければなりません。

世阿弥は、「離見の見」によって、自分の姿を客観的に見ることで、霊がいっとき現実の世界に舞い戻ってくるという、彼ならではの幽玄な芸をつくり上げたのです。

時間を味方につける方法

世阿弥は「時」を意識した言葉を多く残しています。

本来よりよき・悪《あ》しきとは、なにをもて定むべきや。ただ時によりて、用足るものをばよきものとし、用足らぬを悪しきものとす。

何を「良し」とし、何を「悪い」とするのかは、そのとき役に立つか立たないかで決まる。絶対的にいいもの、悪いものがあるわけではなく、「時」がその良し悪しを決めるということです。

たとえば、すごくいい無垢《むく》材を使い、風格のある家具をつくったとしても、いまの日本ではそれは重すぎるし大きすぎるということになってしまいます。どんなにいい製品でも、その時代に合わなければ悪いものになってしまう。

いいものをつくっても売れない――。多くのビジネスマンはそんな悩みを抱えたことがあるのではないでしょうか。これは芸にもそのまま当てはまります。

ただ時に用ゆるをもて花と知るべし。
時分の花をまことの花と知る心が、真実《しんじち》の花になほ遠ざかる心なり。

「時分の花」というのは、年齢とともに現れ、盛りが過ぎれば消える魅力です。
そのことをより具体的に述べたのが次の言葉です。

時分にも恐るべし。去年《こぞ》盛りあらば、今年は花なかるべき事を知るべし。

若いということはそれ自体が魅力です。しかし、その魅力はとても短い間のもので、歳とともに失われてしまいます。去年が盛りだったら、今年はもうその花はないということを知りなさいというのですから、はかないものです。テレビの世界などを見ていると、人気の出たアイドルをすぐに見なくなったり、流行ったギャグがすぐに廃れたりと、そのはかなさを痛感します。

また、人生の一番美しいときに現れる「時分の花」。これを「真実の花」だと思ってしまうと、本当の意味での「真実の花」からは遠ざかってしまうので気を付けろと言っています。

どんな分野であっても、**若さや勢いを武器にするような仕事を続けていると、年をとってから苦労します**。世阿弥の言う「真実の花」とは、勉強と稽古と工夫を重ねた末に手に入るものです。

この言葉の背景にあるのは、父観阿弥がその生涯の最後に見せた芸でした。

一三八四（至徳元）年五月、観阿弥は駿河《するが》の浅間《あさま》神社で能を行なっています。そのときの様子を世阿弥は『風姿花伝』の中で次のように回顧しています。

およそ、その頃、物数をばはや初心に譲りて、やすき所を少なすくなと、色へてせしかども、花はいや増しに見えしなり。これ、まことに得たりし花なるがゆゑに、能は、枝葉も少なく、老木になるまで、花は散らで残りしなり。これ、眼《ま》のあたり、老骨に残りし花の証拠なり。

その日の観阿弥は、具体的な演技のほとんどは初心（若き日の世阿弥のこと）に任せて、自分は無理のないものを少し行なっただけでしたが、観客が感じた魅力はかえって倍増していたというのです。

なぜ魅力が増したのかというと、これこそが「真実の花」だったからです。能の技術は、枝葉が少なくなった老木になっても花は散ることなく残っていた。

世阿弥はこのときの感動を「これこそわたしが実際にこの目で見た、老骨に残った花の証拠だ」と讃《たた》えているのです。

顧客満足が何よりも大事

世阿弥は、将軍の寵を受けても、貴族にもてはやされても、決して彼らエリート集団に気に入られるだけの芸をすることはありませんでした。それは、彼が常に「衆人愛敬《しゅにんあいぎょう》」

を旨としていたからです。

「衆人愛敬」というのは、すべての人に愛されることという意味です。

『風姿花伝』に世阿弥は次のように書いています。


この芸とは、衆人愛敬を以《も》て、一座建立《こんりゅう》の寿福とせり。


すべての人々に愛され、彼らを気持ちよくさせることをもって一座の幸福としなさい。

これは一言で言えば**「あらゆる顧客を満足させる」**ということです。

この言葉から、世阿弥には、自分は芸術をやっているのだから、自分はいいものをつくっているのだから、というような高飛車な意識は一切ないことがわかります。彼が気にしていたのは、自分たちの芸が観客に受けているかどうか、時に合っているかどうか、常に珍しいと思ってもらえているかどうか、ということでした。

これは一般的な世阿弥像とは、ちょっと異なるのではないでしょうか。

多くの人は、世阿弥は究極の価値を自分独自につくり、永遠に続く理想の世界をつくり上げた人というイメージを持っていると思います。でも、実際の彼はそうではありませんでした。厳しい競争社会の中で、常に顧客満足ということを考え、必死に新たな価値を創造した人だったのです。

世阿弥は自分が追い求めている「花」が移ろいやすいものだということをよく知っていました。時分の花というものがあり、時によって花は変わり、去年受けたものは、もう今年は花ではなくなってしまう。そんな厳しい世界を生き抜く過程で、世阿弥は「まことの花」の「型」をつくり上げ、秘伝として一門に残しました。

その秘伝書の中で、世阿弥は「芸能というものは衆人の心を和らげ、満足させるものでなければならない」と言っています。観客の心を楽しませない芸はダメだということです。

能に限らず、伝統芸能の多くは「伝統」の上にあぐらをかいてしまいがちです。そこにいまの観客を楽しませるための工夫がなければ、観に行く人が少なくなってもしかたありません。

また、ビジネスも同じです。一度売れた商品、人気になったサービスであっても、その後の工夫がなければ、すぐに飽きられてしまうのです。

正直、能のあのゆっくりとした動きは、わたしのように能のゆったりとした雰囲気が好きな人にはいいのですが、普通の人には退屈だと思います。

世阿弥が、いまの能を見たら、少なくとも室町時代のままでいいとは言わないでしょう。大切なのは、「時によりて用を足すか足さないか」ですから、現代の早いテンポに合わせた能をつくったかもしれません。

世阿弥にとって自分たちがやっていることは、芸術というよりはビジネスでした。この一座が廃れたら、一門の者みんなが食べていけなくなってしまうからです。ビジネスである以上、能を知っている人にも、知らない人にも、みんなに受けるようなものにして顧客満足を追求しなければなりません。

そのためには、顧客の好みに合わせ、時流に合わせ、柔軟な態度でイノベーションしつづけることが必要です。どこかで守りに入ってしまい、これでいいやと思ってしまったら、イノベーションはそこで止まってしまいます。

顧客満足というと、ドラッカーの『マネジメント』など経営学から学ぶ人が多いのですが、日本には、室町時代にすでに顧客満足を第一に考えていた天才がいたということを知っていただきたいと思います。

奇をてらえばいいわけじゃない

『風姿花伝』で「花と、面白きと、めづらしきと、これ三つは同じ心なり」と言って、観客を驚かす工夫を求めた世阿弥は、どうすれば「めづらしきこと」となるかについては、『花鏡』の中で次のように述べています。

めづらしきばかりをすれば、又めづらしからず。古きに新しきを交《まじ》ふれば、古きも、又新しきも、ともにめづらしきなり。

珍しいことばかりしていたのでは、かえって珍しくなくなってしまう。**古いものに新しいものを交ぜると、古いものも、新しいものも、両方とも珍しいものになる、**ということです。

古いものに新しいものをちょっと交ぜるというのがポイントです。言い換えるなら、古いものを現代風にアレンジする、といったところでしょう。

たとえば、いちご大福。いまではすっかり定番になりましたが、これが出たときには衝撃を受けました。大福の中に生のいちごが入っているという、つくりは非常に簡単なものですが、それまで大福という古くからある和菓子に、いちごを合わせるなんて誰も思いつかなかった工夫です。

大福もいちごもそれぞれは珍しいものではないのに、その二つを合わせることで、画期的な珍しいものになったのです。

日本人は昔から、いろいろなものを片っ端から入れて実験してみて、大衆に受け入れられたものだけが残るということを繰り返してきたのです。

いまも、コンビニに行くとよく商品の配置が変わっていることがありますが、これは変えて実験してみて、データを取ってどのような配置が最もいいのか検証しているのだそうです。以前、当時セブン&アイ・ホールディングスの代表取締役会長だった鈴木《すずき》敏文《としふみ》さんと対談をしたことがあるのですが、「いろいろやってみて、よくなったらそれを採用すればいいし、悪かったら元に戻せばいい。とにかく仮説を立てて、実験して、検証するということをやりつづけることが大事だ」と言っておられました。

セブン－イレブンという名前自体はアメリカ発祥のコンビニエンスストアですが、すでに日本独自のノウハウで成り立っていると言えます。

いまではコンビニにおでんがあるのは当たり前の光景ですが、あれも、一体誰が思いついたんだろうと感心してしまうほど斬新なアイデアです。

この場合は、コンビニという店舗スタイルに、珍しくも新しくもない「おでん」というものを交ぜたケースですが、その結果は人々が驚き喜んだ「めづらしきもの」を生み出しています。

コンビニと言えば、最近では当たり前になった銀行ＡＴＭの設置というのも、最初に考えて実行した人はすごい創造力の持ち主です。考えてみれば、これだけあちこちにあるコンビニにＡＴＭがあればとても便利です。さらに最近は行政サービスが受けられたり、介護相談や保険の相談ができたりと、次々とその時々の要求に合わせて変わりつづけています。

いずれもそれぞれは、元からあるサービスです。それらを組み合わせることによって新しい価値を生み出す。まさに古いものと新しいものを組み合わせることによって、まったく違う魅力を持つようになった例と言えるでしょう。

歳をとっても進化に終わりはない

時に応じ、相手に応じ、変わりつづけることをよしとした世阿弥です。そしてその進化は、老年に至っても止まらないものだと考えていました。

能は、若年より老後まで習徹《ならいとお》るべし。
命には終りあり、能には果てあるべからず。

同時に**「初心忘るべからず」**とも言っています。

現在「初心忘るべからず」という言葉は、「学び始めた頃の謙虚な気持ちを忘れてはならない」という意味だと思われがちですが、世阿弥が『花鏡』で書いた真意は、「初心者の未熟を自覚せよ」という自己満足に対する戒《いまし》めでした。

これらの言葉はどれも最後まで理想を追求しつづけた世阿弥らしい言葉と言えます。

一流の人は、**自分のやっていることに終わりはなく、どこまでも奥行きがある**と考えています。いわゆる「奥が深い」という言葉で表されるものですが、彼らはそれを楽しみ、だからこそやりがいを感じているのです。

たとえば、ダーツは素人目にはあまり奥があるようには見えません。ただ、的《まと》に向かって投げているだけなので、簡単そうに見えるからです。でも、あれもやってみると、特にプロの域に達すると、実はとても奥が深いのだそうです。

けん玉も、単純なおもちゃですが、突き詰めると壮絶な技術の世界に到達します。

日本で生まれたけん玉は、いまや世界に普及し、最もレベルが高いのはアメリカだそうです。アメリカにはけん玉のプロまでいて、彼らによって日々、とんでもない技が開発されているのです。

この壮絶なけん玉の技の映像が、ＹｏｕＴｕｂｅに投稿されているのですが、今度はそれを見た日本の中学生がその技を盗んで、さらにアレンジを加えて新技を開発したりしています。

先日、その中学生が、アメリカのプロに挑戦するというテレビ番組があり、たまたまその番組に参加していたわたしは、間近で彼らの技を見たのですが、それはもう「これがけん玉なのか！」と思うほどの衝撃でした。

子供のときに遊んでいた単純なおもちゃ「けん玉」が、こんなすごい競技になるなんて、それだけでも驚きですが、その進化のスピードがまたすごいのです。

けん玉勝負と同じ番組で、ボールリフティングのギネス記録に挑戦というのも行なわれました。それは背中を床につけた仰向《あおむ》けの状態で足を上げ、足の裏でボールをポンポンポンとリフティングして、一分間に何回つけるかを競う、というものです。

限られた時間内に何回つけるかを競うとなると、どれだけ細かくつけるかということが競技のポイントになります。

日本人の青年が挑戦したのですが、記録保持者の外国人は、両足で交互にポンポンと高速につくスタイルでした。これに対し挑戦者の彼は、「この日のために編み出した新しい技で挑戦します」と言うではありませんか。

新しい技はどのようにやるのかと思っていると、その青年は、何と片足だけで細かくつきつづけるというスタイルで挑戦したのです。確かに、このスタイルなら、ボールが左右に移動する時間を省くことができます。

結果は新記録達成。しかし、この新しいスタイルを見たとき、わたしは正直、これはリフティングという概念を超えているんじゃないだろうかと、競技の本質が変わってしまったような気がしました。

しかし、ルールを逸脱したわけではありません。競技規定の中で、勝とうと思ったときに最も効率のいいスタイルを工夫した結果なのです。

片方の足裏で小刻みにボールを弾ませる。この新スタイルでのリフティングは、新しい発想を生み出したということで、それは素晴らしい創造であると思います。

クリエイティブになるための集中力コントロール

価値を生む仕事の多くは、繰り返しのルーティンワークではなく、新しい事態に対応しなければなりませんから、非常に多くの労力を使います。そうした中でも、**自分のスタイルを見つけられると物事は効率がよくなり、活気も出てきます。**

曲のつくり方も音楽家によって違いがあり、曲が先にあってそこに詞を付けるタイプと、先に詞をつくってそれに合わせて曲をつくるタイプと、大きくは二つのパターンに分かれるそうです。

先日、作詞家の松本隆《まつもとたかし》さんとお話しする機会があったので、松本さんはどちらのタイプですかとお聞きしたところ、自分はどちらでも行けるタイプだとおっしゃっていました。

でも、どちらでもできるからこそ、あんなに多くの作詞ができたのだと思いました。

でも、松本さんのようなタイプは稀で、普通は自分のやりやすいスタイルというものがあるものです。

価値のある仕事は疲れるものですが、疲れすぎてしまうと頭も働かなくなってクリエイティブさは失われてしまいます。わたしが思うに、クリエイティブな人というのは、ルーティンワークを脱力しながらやっている人が多いような気がします。

たとえば、テニスの錦織圭《にしこりけい》選手の戦い方を見ていると、捨てるゲームは徹底的に捨てていることがわかります。相手のサーブがすごい場合、彼は時に「あきらめる」という選択をしているように思うのです。

というのも、錦織選手の試合を見ていると、意図的に抜いているときとスイッチを入れたときの差がすさまじいのです。

ダメなものはさっさとあきらめて、チャンスが来るのを待つ。そして、相手がちょっと乱れたときに一気に集中力を上げ確実に自分のものにするのですが、彼の場合はこの落差が非常に大きい。

慣れないスポーツをするとわかりますが、常に力を入れていると、疲れる割にまったくいい結果に結びつきません。

錦織選手が高い集中力を発揮すると、解説をしている松岡修造《まつおかしゅうぞう》さんが「これはゾーンじゃない、スーパーゾーンだ」と言ったりしますが、本当にそれぐらい落差が大きいのです。落差が大きく、それをここぞというときに発揮できるということは、集中力を自分でコントロールできている証《あかし》です。

そして、**クリエイティブな人ほど、集中力のコントロールができている**ように思うのです。手を抜くところは抜く。行くときは行く。こうしたメリハリが大切なのです。全部を満遍《まんべん》なく緊張感を保ってしまったら疲れ果てて、必要なときにクリエイティブな能力を発揮できなくなってしまいます。

だからこそ、ここはルーティンだからほとんど考えなくてもいい、と手を抜き、そこで温存したエネルギーをクリエイティブ能力を発揮しなければならないところで使うのです。

メリハリをつけるために「型」を身につける

こうしたメリハリがはっきりしているせいか、クリエイティブな人の中に「ずぼらな人」と思われがちな人が多くいます。

たとえば、歌手の井上陽水《いのうえようすい》さんのエピソードに面白いものがあります。

ある日、作家の沢木《さわき》耕太郎《こうたろう》さんのところに井上陽水さんから「宮澤賢治の『雨ニモマケズ』ってどういうヤツだっけ」と電話がかかってきました。

突然何だろうと話を聞くと、いま曲を書いているんだけど、レコーディングの最中で本を探す時間もない、というのです。レコーディングの最中に曲をつくっているなんて、泥縄もいいところです。

沢木さんが電話で『雨ニモマケズ』を朗読してあげると、メモを取る様子もなくふんふんと聞いている。「メモ取らなくていいの?」と聞くと、「いいんだ」と言い、聞くだけ聞くとありがとうと言って電話は切れてしまいました。

あんなので大丈夫かなぁと心配していた沢木さんが後から聞くと、陽水さんは電話を切るとすぐその場で「ワカンナイ」というタイトルの『雨ニモマケズ』に対するアンサーソングを見事に書き上げたというのです。

陽水さんの才能があればこそのすごい話ですが、時間がない中、その場で即興的につくった曲が名曲として残ったというのは、音楽の世界ではよくある話のようです。

ビートルズの名曲「イエスタデイ」は、ポール・マッカートニーが夢の中で浮かんだメロディを、急いでコードにしてスタジオで完成させたものだと語っています。

このように、発想にはいろいろなスタイルがあるのですが、一つ言えるのは、ずっとしがみついているだけではダメだということです。

ある時期すごく集中して考えてはいるのですが、一回それを手放すというか、忘れることが大事なのです。忘れながらも、どこかで考えている。そうするといいアイデアがポッと出てくるのです。

寝る前に考えたら、いったん忘れてゆっくり寝ると、夢の中で整理されていいアイデアが浮かぶと言って、枕元にノートを置いている人もいます。

やり方はいろいろですが、ポイントはここでも「メリハリ」をつけるということなのです。こうした**メリハリをつけるのに有効なのが、実は「型」、つまりスタイルを身につけること**なのです。

型（スタイル）のよさは何かというと、身についたら後は考えなくてもできるということです。

型が身につくと、考えなくてもできるので、他の新しいことに意識のエネルギーを使うことができます。意識のエネルギーは増やすこともできますが、頑張ってそこを広げるよりは、型を身につけて、使える量を増やしたほうが効率がいいのです。

たとえば、いまある意識のエネルギー量を十とすると、型がない人は、ルーティンにその中の八ぐらい使ってしまっています。これではクリエイティブに使えるエネルギーは二しか残りません。頑張って意識のエネルギー量を増やしてもせいぜい二か三か、たかが知れています。

しかし型を身につけて、ルーティンを自動化できれば、いままで八使っていたものが二ぐらいですむようになります。そうなれば、八をクリエイティブに使えるのです。

たとえば車の運転も、免許を取ったばかりのときは、最初から最後まで緊張の連続なので、短いドライブでもとても疲れますが、運転が身につくと、緊張しなければならないポイントがわかるようになるので、ロングドライブでも疲れなくなります。

「型」を破ることで新しいものが生まれる

世阿弥の卓越した創造力も、幼い頃からの修練で身につけた「型」が大いに貢献していたと思います。

なぜなら、基本の動きが型によって身についていれば、それをさまざまな形でアレンジして使うことができるからです。

惜しくも故人になってしまわれましたが、中村勘三郎さんは、歌舞伎役者としてはもちろん、上方狂言や時代物など幅広いジャンルの芸にチャレンジしたり、海外に歌舞伎を紹介したことで知られています。

その勘三郎さんが、幅広い活動をするようになったきっかけについて聞かれたとき、無《む》着成恭《ちゃくせいきょう》さんがラジオで「型破りというのは型があるから破れるんだ。型がないのは型なしというんだ」というようなことを言ってらしたのを聞いて、「お、これか！」と思ったというエピソードを聞いたことがあります。

この一言で勘三郎さんは、古典の基本を守ることと、新しいことをやるということが、自分の中で整理がついたというのです。

これはわたしたちが仕事をするうえでも使える知恵です。**自分にとっての型は何か。それによって意識の節約をして、その分のエネルギーをどこへ向けるのか。**それをまず考えるのです。

たとえば、わたしたち日本人にとっては、日本語を話すというのは身についた型です。ですから日本語で話をするのであれば、ほとんどエネルギーは使いませんが、同じ内容でも英語で話すとなると、「英語で」というところに意識エネルギーが大きく使われてしまうので、日本語なら面白おかしく話を組み立てられる人も、英語では英語に変換するのが精一杯で、ジョークを言う余裕すらなくなってしまいます。

同じように、日本語という型の中でも、「雑談という型」が身についている人は、どんなシーンでもほとんど意識エネルギーを消費することなく、人と雑談で打ち解けることができるのです。

すると、余裕が生まれるので、いろいろな気遣いができ、初めての相手ともいい人間関係を構築することができます。ところが、雑談という型が身についていない人は、雑談をするだけで疲れてしまい、人間関係を構築するどころではなくなってしまいます。

型を身につければ、ルーティンはもちろん、傍《はた》から見るとかなりクリエイティブなこともほとんどエネルギーを使わずにできるようになります。

わたしは二十代のときに何かで、井上陽水さんが「曲をつくるというのは、職人が襖《ふすま》貼りをするのと同じだ」と言っていたのを読んだことがあります。

襖貼りは必要な材料を揃えて、それを決まった段取りにしたがって作業していれば、考えたり悩んだりすることはほとんどありません。それと同じように、作曲にも決まった段取りがあって、それにしたがって進めていけば、大したエネルギーを使うことなく曲ができるということなのでしょう。

できあがった曲が名曲かどうかは才能に左右されるでしょうが、大事なのは作曲というクリエイティブな作業の筆頭であるように思えるものですら、そこには手順や型を身につけることで対応できることがたくさんあるということです。

要は、自分の持てるエネルギーを何にどう配分して使うか、ということです。「型」を用いることでエネルギーを節約し、その分をクリエイティブなことに使えれば、新しい価値を創造することがより簡単にできるようになるのです。

わたしは仕事柄多くの論文を書きますが、やはりこれにもわたしなりの型があります。それは、ポイントを三つに絞るということです。ですから、ポイントとなるものが三つ見つかったら、それぞれについて書いてまとめれば、一つの論文ができあがるのです。

型を持っているというのは、イメージで言うと、ところてんの「天突き」に材料の寒天を入れて押し出すようなものです。なんでもその型に入れて、ドンッと突けば、考えなくても三つの要点に分かれて出てくるのです。

ところてんも、いちいち包丁で切っていたら、すごく大変です。その大変な作業を楽にするために、おそらく江戸時代あたりに誰かが「天突き」を考案したのだと思いますが、あれができたお陰で、子供でもところてんを簡単につくれるようになったのです。

わたしはところてんが好きで、幼い頃によく近くの駄菓子屋で食べましたが、天突きで突くのが面白くて、よくやらせてもらいました。簡単で、意識エネルギーの節約ができて、しかも楽しい、これが型のいいところです。

仕事で、企画書を書いてこいと言われたとき、苦労してようやく一本書いてくる人もいれば、五本も一〇本も書いてくる人もいます。この違いはどこにあるのかというと、実は能力ではありません。企画書の型を持っているかいないかの違いなのです。

変化を恐れない

世阿弥は、常に観客の目を意識し、自分の芸をその時々の要求に合わせて変えていかなければならないということを受け入れていました。

変化することを受け入れるというのは、簡単そうで実は難しいことです。なぜなら、変わることには、多少なりとも恐れが伴うからです。

いまの能は、世阿弥の芸を守り継承するとても素晴らしいものですが、おそらく能役者さんの中には、世阿弥の思想に立ち戻り、新たな命を吹き込もうとしてやっている方もいらっしゃいます。

それが難しいのは、恐れを乗り越える勇気が必要だということもありますが、能が、わたしたちが思っている以上に完成度の高い演劇だということもあります。

世阿弥が生きたのは、十四世紀から十五世紀にかけてです。シェークスピアが十六世紀から十七世紀の人ですから、世阿弥はそれよりずっと古いにもかかわらず、比べても引けを取らない見事な演劇世界を完成させているのです。その完成度が高すぎて、いまになってもなかなかそれを超えるものができないというのも、能が変化しない要因の一つでもあるのです。

能の変化はともかく、世阿弥が変化を受けるために「このことに用心しなさい」と説いたのは、**固定観念を持つな**、ということでした。

返すがへす、心にも覚えず、よき劫《こう》の住《じゅう》して、悪き劫になる所を用心すべし。

これは、『花鏡』にある言葉ですが、「くれぐれも用心しなければならないのは、無意識の『良い劫』に安住して、それが『悪い劫』になってしまうことだ」という意味です。

このことを『花鏡』を書いた晩年の世阿弥は、言葉を変えて別の場所でも説いています。

よき程の上手も年寄れば古体《こてい》になるとは、この劫也《こうなり》。人の眼には見えて嫌ふ事を、「我は昔より此《この》よき所を持ちてこそ名をも得たれ」と思ひつめて、そのまま人の嫌ふ事をも知らで、老《おい》の入舞《いりまい》をし損する事、しかしながら此劫也。能々《よくよく》用心すべし。

世阿弥が目指す能は、年齢を追うにしたがってよくなっていく、老木に咲く「まことの花」です。

ところが**人というのは、無意識に「過去の栄光」に固執してしまう**ところがある。これが、「良い劫に安住して、悪い劫になってしまう」ということです。

現実は厳しく、どんなに前によかったものでも、いまもいいということはない。特に上手と言われた人ほど、老体になったとき古臭くなり、この悪い面が出てしまう。

「自分の良さはここにある」と思い込んで、実際には観客はもうそこに飽きているのに、そのことにも気づかずにいるのは、固定観念にとらわれているからだ、というのです。固定観念を持って、観客がもういやがっているのにも気づかずし損ずることのないように、くれぐれも注意しなさい、と、老いたときの注意として説いています。

もちろん、同じ芸を続けることが必ずしもいけないと言っているのではありません。たとえば志村《しむら》けんさんが「バカ殿」や「アイーン」といった芸をずっとやりつづけていましたが、ただ繰り返し同じことをしているのではなく、時代や自らの年齢で微調整をしているからこそ、いまも人気があるのでしょう。芸に固執して、自分がどう見られているかという、離見の見を失ってはいけない、という戒《いまし》めです。

同じ戒めは『風姿花伝』にも見ることができます。

主《ぬし》の心には随分花ありと思へども、人の目に見ゆるる公案なからんは、田舎《でんじゃ》の花、藪梅《やぶうめ》などの、いたづらに咲き匂はんがごとし。

やっている当人は結構花があると思っているかもしれないが、人の目から見てそこに面白いアイデアや工夫がなければ、それは田舎の花や、藪の奥の梅が勝手に咲いて匂っているようなものに過ぎない、と言うのですからかなり手厳しい言葉です。

観客の目に自分がどう映っているのか。

世阿弥はそのことを、自分にも他人にも厳しく追求することで、能という新しい価値を完成させました。わたしたちがそこから学べることは少なくありません。

［第二章］

必ず結果を出すための「吟味・工夫・鍛錬」——宮本武蔵

実戦を通して、悟りの境地に至った武蔵

世界で最も知られている日本人は、もしかしたら剣豪・宮本武蔵（一五八四?〜一六四五）かもしれません。少なくとも、武士では武蔵が間違いなくナンバーワンだと思います。

その証拠に、日本人では、剣道というと、竹刀《しない》は一本というのが当たり前ですが、国際大会では、二刀流を用いる外国人選手が結構います。しかも、試合をすると、一刀の日本人になかなか勝てないという現実があるにもかかわらず、彼らは果敢《かかん》に二刀流にチャレンジしつづけているのです。

なぜ彼らは、勝てないのに二刀流にチャレンジするのでしょう。それは、ひとえに宮本武蔵に憧《あこが》れているからです。

武蔵は著書『五輪書《ごりんのしょ》』の中で他の流派の間違いを指摘し、自らの「二天一流《にてんいちりゅう》（二刀流）」の有利な点を述べています。つまり、現在二刀流で戦っている人たちというのは、『五輪書』の武蔵の言葉を信じているのです。

宮本武蔵が海外でこれほどまでに高く評価されているのは、彼が書いた兵法書『五輪書』が翻訳され（『The Book of Five Rings』）、広く認知されており、その内容が高く評価さ

れているからです。

武蔵がその人生を捧げた「剣術」は、戦いに勝つことを目的とした極めて具体的なものです。どんなに素晴らしいことを言っても、実践で役に立たなければ死んでしまうのですから意味がありません。

実戦に役立つという点でも、武蔵には絶対の信頼があります。武蔵というと佐々木小次郎《ささきこじろう》と対決した巌流島《がんりゅうじま》の戦いが有名ですが、『五輪書』によれば、彼はその生涯で「六〇回以上勝負をしたけれど一度も負けなかった」といいます。

この、数多くの決闘をしながら一度も敗れなかったということも武蔵の大きな魅力ですが、外国人が武蔵に強く惹《ひ》かれるのは、実は他に理由があります。彼らが何よりも武蔵を高く評価するのは、彼が**剣術という非常に具体的な技を追求する行為を通して、悟りの境地に至る筋道をつけた**、ということなのです。

ですから外国人が武蔵に憧れるのは、ただ単に強くなりたいからではありません。自分も武蔵のように悟りの境地に至りたいという気持ちがあってのことなのです。だからこそ、勝てなくても武蔵と同じ二刀流で、彼らは剣術の練習に励んでいるのだと思います。

外国人が憧れる理想の日本人像、それが宮本武蔵です。

しかし、わたしにとって最もしっくりくる武蔵のイメージは、実は「熟練工」なのです。わたしは以前『超訳　宮本武蔵語録』（キノブックス）という本を書いているのですが、彼の人生と彼の言葉から受けた印象は**「宮本武蔵という人は熟練工だ」**というものだったのです。

なぜなら、彼は剣術というものに吟味《ぎんみ》と工夫を重ねた結果、最高の技と境地を生み出した人だからです。その熟練工が、言葉巧みに、自らが感得したものを概念化してまとめたもの、それが『五輪書』なのです。

武蔵が『五輪書』を書き始めたのは六〇歳のころです。当時熊本の細川《ほそかわ》氏の客分となっていた武蔵は、熊本県の西郊に位置する雲巌禅寺《うんがんぜんじ》にある洞窟「霊巌洞《れいがんどう》」にこもり起筆したとされています。書き上げるまでに二年の歳月を要し、完成すると、わずか一カ月で亡くなったそうです。

「地」「水」「火」「風」「空」と名づけられた五巻からなるその内容は、非常に具体的で、剣術家として生きてきた彼の人生のまさに集大成とも言えるものです。

「空《くう》」とは何か

『五輪書』は、地・水・火・風の四巻が長く、具体的な記述がなされているのに対し、最後の「空之巻」は見開きで終わってしまう、非常に短いものとなっています。

でも、この短い空之巻にこそ、武蔵が目指した境地が説かれています。

みなさんは「空」というと、どのようなものを考えるでしょうか。

武蔵は武芸者なので、空之巻では武士にとっての「空」とは何か、ということを述べているのですが、まずは「空」というものについての誤解を解くことから始めています。

空といふ心は、物毎《ものごと》のなき所、しれざる事を空と見たつる也。勿論《もちろん》空はなきなり。ある所をしりてなき所をしる、是則《これすなわ》ち空也。世の中において、あしく見れば、物をわきまへざる所を空と見る所、実《まこと》の空にはあらず。皆まよふ心なり。此《この》兵法の道においても、武士として道をおこなふに、士の法をしらざる所、空にはあらずして、色々まよひありて、せんかたなき所を、空といふなれども、是実《これまこと》の空にはあらざる也。

空とは決まった形がなく、その形を知ることができないものであり、もちろん何もないということでもある。

では、そんな何もないものをどうすれば知ることができるのかというと、ものがあるところを知ればいい。あるところがわかれば、ないところが空だとわかる。世の人たちはものごとの道理を区別しないところを空だといっているけれど、それは本当の空ではない。それはすべて迷いの心である。

兵法の道も同じである。武士としての在り方をわかっていない人が、空になりきれないと迷って、なすべき方法がないということを「空」だといっているけれど、それは本当の空ではない。

では、本当の「空」とはどのようなものなのでしょう。

武士は兵法の道を慥《たしか》に覚え、其外《そのほか》武芸を能《よ》くつとめ、武士のおこなふ道、少しもくらからず、心のまよふ所なく、朝々時々《ちようちようじじ》におこたらず、心意《しんい》二つの心をみがき、観見《かんけん》二つの眼をとぎ、少しもくもりなく、まよひの雲の晴れたる所こそ、実の空としるべき也。

武士というのは、兵法の道を確実に会得して、そのほかにもいろいろな武芸を身につけ、武士の行なう道についてすべてを心得ていて、心に迷いなく、常に怠ることなく

「観」と「見」という二つの眼を研ぎ澄まし、少しの曇りもなく、「迷いの雲」が晴れ渡った状態こそが本当の空なのだ。

ごく簡単に言うと、迷いのない、晴れ晴れとした青空のような心の状態が本当の「空」だと武蔵は言っているのです。

武蔵は「空」を「青空」にたとえていますが、これは迷いという曇りがない状態のことであって、虚無を意味しているわけではありません。

こうした状態は、磨き上げられた鏡にも似ています。すべてを映し出す平明な心、悟りの心を表す「明鏡止水」という言葉がありますが、まさに空は、この磨き抜かれた鏡みたいなものです。

武士として行なう道についてわかっている人が、毎日訓練をしていると、やがて迷いがなくなり心に曇ったところがまったくない状態になる。そうした迷いがなくなった状態が「空」なのです。

「観見二つの眼」で見る

武蔵が「空」という言葉で表した悟りの境地は、日々のたゆまぬ鍛錬によって体得されると言っています。しかし、ただ鍛錬を積めばいいのかというとそうではありません。**「空」を感得するためには、「観」と「見」という二つの眼を研ぎ澄ます必要がある**と言っているからです。

ここは非常に重要なところです。

「観」というのは何かというと、「大きな眼」です。たとえば、人生観という場合、それは人生を貫《つらぬ》いて見るような大きな見方という意味です。

武蔵が言う「観」の眼を研ぎ澄ませというのは、武芸者は、実際の戦いの場において、戦い全体を見渡すような大きな眼を養いなさい、ということです。なぜなら、戦いの場で、細部にとらわれ全体が見えなくなってしまうと、負けてしまうからです。

わたしたちはサッカーのテレビ中継を見ていると、「あそこに球をパスすればいいのに」と歯がゆく思うことがよくありますが、それは全体像が見えているから言えることです。実際ピッチに立っている選手には、自分の周囲、それも限られた狭い範囲のことしか見えません。後ろから敵が来ていても当事者には見えないのです。

ところが、一流の選手は、その見えないはずの全体像が見えているような絶妙なパスを出したり、見事に相手選手の間を縫《ぬ》ってシュートを打ったりします。メッシなどはそういうパスが多いわけですが、それができるのは、彼らが観の眼を持っているからなのです。

上から俯瞰《ふかん》するように、全体像を摑む眼、それが「観」です。

「観」と「見」については、武蔵を主人公とした井上雄彦《いのうえたけひこ》さんの人気漫画『バガボンド』にも描かれていました。

沢庵和尚《たくあんおしょう》が武蔵を指導するシーンに次のような台詞があります。

「一枚の葉にとらわれては木は見えん　一本の樹にとらわれては森は見えん。どこにも心を留めず見るともなく全体を見る。それがどうやら『見る』ということだ」

『五輪書』は、読むとわかりますが、「地・水・火・風」の四巻は、太刀をどのように扱うのかというような、ものすごく具体的なことが細かく書かれています。言わば、武蔵が実戦の中で研ぎ澄ませてきた「見の眼」によって感得したことが書かれているのです。

それに対し、空之巻は言葉も少なく、全体を俯瞰した観の眼で書かれています。

自分の経験を通し、「観見二つの眼を研ぎ澄ませ」という彼ならではの言葉に仕上げていくところが武蔵の素晴らしい創造力です。

観見二つの眼は、あらゆるところで活かすことのできる概念です。

たとえば、数学の問題を解くときは、当たり前ですが計算をしなければいけませんので「見」が必要です。ただ、どういう計算をするのがベストかを考える際に、一度眼を離して全体をとらえないと解けない問題というのが結構あります。

実際、東大入試の数学には、眼を離すことでこんな面倒臭い計算をしなくても、こうすれば簡単に解けるということがわかる場合もあります。整数の一から一〇〇までの間にこの条件に当てはまる数はいくつあるかというような場合、計算するより数えたほうが早かったりすることもあります。

職場でも、一般論ばかり振りかざしている人は「観」に偏りすぎで、具体性に欠けます。逆に重箱の隅をつつくような細かい文句ばかり言う人は、「見」に偏りすぎて全体が把握できていません。

「観見二つの眼」はマクロとミクロと言ってもいいと思いますが、常にこの異なる二つの眼を意識的に持つことで、漏らすものがなくなるというのが武蔵から得られるアドバイスです。

全体像が見えれば、クリエイティブになれる

若者や初心者が総合的な判断に失敗しやすいのは、いまの目の前のことしか見ていないからです。

青年というのは、自分の理想に燃えていたり、純粋な正義感があったりするものです。「正しさ」はよいことですが、それだけで物事に対処すると、結果的に狭い了見で判断したり、理想論だけで終わったりしてしまうことがあります。これは「観」の眼を持っていないために起こることです。

個人的な判断であれば、人生の先輩である大人がその視野の狭さに気づくということがありますが、思想や宗教となると判断は難しくなります。

たとえば、社会主義を推し進めたソ連（ソビエト社会主義共和国連邦／一九二二〜一九九一）などは、今でこそ壮大な理想論だったと言えますが、当時はそれまで搾取《さくしゅ》されていたプロレタリアート（労働者階級）が階級闘争に勝てば、完全に貧富の差のない平等な社会をつくることができるのではないかと多くの人が期待していました。

誰もまだ、その後スターリンのような人物が出てきて、あのような悲劇が起きるとは思

ってもいなかったのです。

しかし、そうした風潮の中でも、視野の狭い理想論の危うさを見事に見抜いた人物はいました。ドイツの社会学者マックス・ウェーバーです。

彼は、ロシア革命が起きた瞬間に、社会主義はこののち官僚制になって、独裁的権力者が現れ、悲劇的なことが起こり崩壊するだろうと予言していました。彼の分析は『社会主義』（講談社学術文庫）という本に書かれています。

理想を実現するための理論に基づいて社会を新しくするといったことは、聞こえはいいですが、そうしてできた社会は人工的すぎてどこかうまくいかなくなるだろう。結果的に生産性が上がらない、あるいは官僚的になりすぎてしまうことがあると、ウェーバーは考えたわけです。

マックス・ウェーバーが亡くなったのは、スターリンが権力を握る以前の一九二〇年です。現実を見る前に将来の危険を看破したウェーバーは、卓越した「観」の眼の持ち主と言えるでしょう。

このように観の眼には、全体の構造がわかるということとともに、時間的に先が見えるという特徴があります。**全体像がわかり、それによって将来がわかるということは、非常に高い創造能力**です。

「観」の眼を持つことは、高い創造性を発揮し、優れたビジネスモデルを編み出すことにも役立ちます。そうして成功した人の一人が、ＡＫＢ48の生みの親であるプロデューサー秋元康《あきもとやすし》さんです。

ＡＫＢ48は非常に優れたビジネスモデルです。

かつて秋元さんが手掛けたアイドルグループ「おニャン子クラブ」は、母体がテレビ局でした。それに対しＡＫＢ48は、秋葉原の劇場がベースです。「見」の眼しかないプロデューサーであれば、町の劇場より全国放送のテレビ局のほうがいいと思うでしょう。しかし、テレビ局を母体とすると、その利権はすべてテレビ局に握られてしまいます。でも劇場を母体にすることで、劇場を中心とする収入に加え、テレビ出演のギャラが各プロダクションに入ります。

メリットはそれだけではありません。秋葉原の劇場を母体としたＡＫＢが可能なら、大阪の難波《なんば》で「ＮＭＢ48」、博多では「ＨＫＴ48」、インドネシアのジャカルタでは「ＪＫＴ48」というようにどこでも同じビジネスモデルで展開できるのです。

つまり、これは関数の $y=f(x)$ みたいなものなのです。

x に秋葉原を入れればＡＫＢになり、x のところに大阪を入れればＮＭＢになるという関数を活用したと言えます。

こうなるとあちこちにアイドルグループをつくれるうえ、その地域の女の子たちは、もしかしたら自分がそこに入りアイドルになれるかもしれないという夢を持つようになります。さらに、地域性という要素が加わることで、地元の応援や互いの競争を生み出し、トータルすると膨大なファンを獲得することでそこから膨大な利益を吸い上げるという、巨大なシステムをつくり上げてしまったのです。

このように**システムをつくれる人というのは、「観」の眼を持っている**と言えます。

そして、ＡＫＢ48を見たときに、「あの子がかわいいなぁ」というだけでなく、その成功のバックにあるシステムを読み取れるというのも「観」の眼だと思います。

創造力を発揮するとき必要なのは、目の前のアイデア（「見」の眼）だけでなく、「観」の眼を研ぎ澄ませて、システム的な発想をするということなのです。

いまの社会に必要な気配を察する能力

観見二つの眼について、『五輪書』「水之巻」で武蔵は次のように言っています。

観見二つの事、観の目つよく、見の目よわく、遠き所を近く見、ちかき所を遠く見る事、兵法の専《せん》也。敵の太刀《たち》をしり、聊《いささ》かも敵の太刀を見ずといふ事、兵法の大《だい》事《じ》也。工夫有るべし。

戦うときは、「見」の眼よりも「観」の眼を重んじ、身近な動きにとらわれないことが大切である。敵の太刀の動きを把握しつつ、それを見ないことが重要だ。工夫が必要だ。

剣術では、どうしても相手の剣先や手の動きなど、「見」の眼で見えるものに意識が向きがちですが、そういうものをちゃんと把握しつつも、そこにとらわれず、「観」の眼を持つことが大切だということです。

これは剣道などでも言われることですが、相手の剣先や手の動きを見て動くと、遅いのだそうです。武蔵は「見ず」と言っていますが、見ないでどうすればいいのかというと、「観」の眼を使えと言うのですから、全体の気配を察しなさいということです。

では、気配はどのようにすればとらえられるのか。武蔵はこれについても具体的に言及しています。

目の玉うごかずして、両わきを見る事肝要也。

これは実際にやってみるとわかりますが、剣先や手といった部分を目で追うのではなく、相手の体全体をぼんやりと見ろということです。

わたしたちは剣を持って戦うことはありませんが、**気配を察するというのは、現在の社会生活の中でも広く応用できる能力**です。

たとえば、わたしも経験があるのですが、テレビのバラエティ番組などでひな壇に座っていると、誰かが何かを言いそうだなというのが「気配」でわかるのです。

それは具体的に言うと、息を吸うようなとても微かな動きだったり、わずかに前に乗り出した体の動きだったりするのですが、なんとなく全体をぼうっと見渡していると、人が行動を起こす前に生じる微かな変化を気配として感じます。

上手い芸人さんは、こうした気配を察して、自分が話すタイミングを見極めているのです。でも、「観」の眼を持たない芸人さんだと、人の話に被せてしまったり、MCが次の話題に行こうとしているのに、いつまでも話しつづけてしまったりして流れを悪くしてしまいます。

ですからひな壇で活躍するには「観」の眼が必要なのですが、それ以上に多くを求められるのがMCです。

MCは、全体の中で誰がいましゃべりたそうなのかを、気配で感じとって振らなければなりません。もしこれを間違えてしまうと、振った相手がしゃべれず流れが止まってしまったり、変な発言をして番組が台無しになってしまったりする危険性があります。ですからMCは大変なのですが、実はこれ、教師も同じなのです。

教育実習生にありがちなのですが「見」の眼しか持たない教師は、自分の教える内容にばかり集中しているために、自分のノートと板書を行き来するだけの非常に単調でつまらない授業になってしまいます。

もちろん、それでも教えるべき内容を話すことはできるのですが、肝心の生徒の状態に着目できていないと、ちゃんと伝わらないのです。

「観」の眼があると、全体の流れを把握してメリハリのある授業を展開することができます。「あの子は何か言いたそうだな」ということがわかれば、いいタイミングで「じゃあ、君どう思う？」と意見を促すなど、コミュニケーションのある生産的な授業ができるのです。

車の修理工などでも、「見」の眼しか持たない人は壊れた部分にしか目がいかないので、そこを修理したらそれで終わりです。ところが、「観」の眼も同時に持つ人は、ここが壊れたということはここも危ないのではないか、とか、ここが壊れた原因は別のところに問題があるからではないのか、というように全体を見渡して原因を究明したり、事前に予防したりすることができます。

微細な変化を感覚でつかみ取り、その微かな気配から全体像を知る。これが観の眼をワザにした人が行なっていることなのです。

「使えなければ意味がない」――合理主義的な武蔵の哲学

『五輪書』の最初の巻「地之巻」は武蔵の自己紹介から始まります。

> 我、若年《じやくねん》のむかしより兵法の道に心をかけ、十三歳にして初而《はじめて》勝負をす。其《その》あひて、新当流有馬喜兵衛《しんとうりゆうありまきへい》といふ兵法者《へいほうしや》に打勝ち、十六歳にして但馬国秋山《たじまのくにあきやま》といふ強《ごう》力《りき》の兵法者に打勝つ。廿一歳にして都へ上り、天下の兵法者にあひ、数度の勝負をけっすといへども勝利を得ざるといふ事なし。其後国々所々に至り、諸流の兵法者に行合ひ、六十余度迄《まで》勝負すといへども、一度も其利をうしなはず。

わずか一三歳で最初の決闘に勝ってから六〇戦負け知らず。
そんな武蔵でも、兵法の道がわかってきたのは五〇歳の頃だと言います。

おのづから兵法の道にあふ事、我五十歳の比也《ころ》。其《それ》より以来《このかた》は、尋ね入るべき道なくして、光陰《こういん》を送る。兵法の利にまかせて、諸芸・諸能の道となせば、万事において、我に師匠なし。

武蔵は剣術の他に絵画でも有名ですが、あらゆることにおいて自分に師匠はいないと言っているので、絵も独学だということがわかります。
また、剣術や絵画だけでなく、彼は『五輪書』を書くに当たっても、まったくの独力で臨んだと語っています。

今此書《このしょ》を作るといへども、仏法・儒道の古語をもからず、軍記・軍法の古きことをもちひず

仏教や儒教、道教といった古い教えの言葉を借りたり、昔の軍法、兵法の書を引用したりはしていない。すべては自分の経験から語っている、ということです。
わたしは極意書のたぐいをよく読むほうですが、やはり仏教や儒教といった古典から言葉を引用したものが多く見られます。必ずしも古典の引用が悪いわけではありませんが、

借り物の言葉だけではオリジナリティは生まれません。

その点、武蔵は古典をまったく引用しない珍しい人です。単に机上の空論で自分の意見を述べているだけでは持論にすぎませんが、彼は自分で摑んだものだけを書いているので、その内容がとても具体的で、他人が読んでも役立ちます。

武蔵の、自分で感じ取って吟味したものでなければ言わないという**徹底した経験主義は、デカルト的**と言っていいでしょう。

フランスの哲学者ルネ・デカルト（一五九六〜一六五〇）は合理主義哲学の祖と言われるほど、徹底してものごとを疑ってみた人です。彼の著書『方法序説』では、すべてを疑ってみたところ、最後に残ったのが、考えている自分自身であるという結論にたどり着いています。これが有名な「我思う、ゆえに我あり」という言葉になったわけです。

武蔵も、人が言ったことを鵜呑《うの》みにするようなことはしなかったのだと思います。そうして、自分がやってみた結果だけを頼りに、一つひとつ経験知を積み上げていったのです。そういう意味でも、武蔵の言葉にはデカルト的な明晰《めいせき》さがあります。

これは余談ですが、デカルトと武蔵が生きたのはほぼ同時代です。洋の東西にいたので互いの存在を知ることはなかったでしょうが、非常に面白い一致だと思います。

役に立たない知識を売る者に気をつけろ

師匠を持たぬ武蔵が自分の言葉で語ることにこだわったのは、学んだことが実際に役に立たなければ意味がないと考えたからです。

世の中に、兵法の道をならひても、実《まこと》の時の役にはたつまじきとおもふ心あるべし。其儀《そのぎ》においては、何時《いつ》にても、役にたつやうに稽古し、万事に至り、役にたつやうにをしゆる事、是《これ》兵法の実の道也。

剣術は使えるようにならないと意味がありません。いくら「それ、知っている」と言っても、そんなことを言っている間に斬られたら終わりです。

使えないと意味がないというのは、剣術に限らず知識も同じです。一生懸命勉強しているようでも、勉強すること自体が目的化してしまい、役に立たない知識をただ詰め込んでしまっている人もいます。

わたし自身、学生時代にあれだけ英語を勉強したのですから、もう少し流暢《りゅうちょう》に会話ができるようになるやり方があったのではないかと思うことがあります。確かに、勉強したおかげで英語の本を読めるようになったのは良かったのですが、わたしの時代にはリスニング能力がほとんど問われなかったため、読み書きができても、高度な英会話となると残念なことになってしまうのです。

武蔵は実戦を積み重ねてきた人だけあって、役に立たない知識を売りつけている者にだまされるなという釘も刺しています。

世の中をみるに、諸芸をうり物にしたて、我身をうり物のやうに、諸道具につけても、うり物にこしらゆる心、花実《かじつ》の二つにして、花よりもみのすくなき所なり。

『五輪書』が書かれたのは江戸時代の初期ですが、その当時すでに剣術を教えて儲ける人がたくさんいたのでしょう。そういう金儲け主義にだまされるな、ということです。

こうした武蔵の考えは、ソクラテスと少し似ています。

ソクラテスは、若者に知識を授けてお金を取る「ソフィスト」を毛嫌いした人です。彼にとって青年を導くというのはとても尊い仕事なので、それを金儲けに使うなど許しがたいことだったのです。

そのため、「お前たちの教える知識は本当に正しいのか」と言って、ソフィストたちに質問を浴びせかけ恥をかかせるということをやりつづけ、その結果、彼らの恨みを買って、最後は青年をたぶらかした罪で死罪になってしまいました。

武蔵もまた、そういう金儲け主義のニセモノを嫌い、本当に役に立つものを学ぶようにと言っているのです。

リーダーは大工の棟梁《とうりょう》のようであれ

『五輪書』は兵法書なので、一対一の対決だけでなく、軍を動かすことも考えに入れています。これは組織を動かすリーダー論として読むことができます。

面白いのは、武蔵が「兵法の道、大工にたとへたる事」としている点です。

大工の統領は堂塔伽藍《がらん》のすみがねを覚え、宮殿楼閣《くうでんろうかく》のさしづを知り、人々をつかひ、家々を取立《とりた》つる事、大工の統領も武家の統領も同じ事也。

当時は「士農工商」という身分制度がある時代です。そのときに、人を使ってものごとをなすという意味では、大工の棟梁と武家の統領のやっているのは同じことだと言っているのですから、なかなか大胆です。

しかし、これはなかなか上手いたとえで、抽象的な組織のリーダーの役割を大工作業に置き換えることで非常にわかりやすくなっています。

家を立つるに木くばりをする事、（中略）よく吟味してつかふにおいては、其《その》家久《ひさ》敷《しく》くづれがたし。

家を建てるときは、どのような材木をどこに使えばいいのかよく吟味して使えば、丈夫な家が建つ、ということですが、これを組織に当てはめると「適材適所」ということになります。

実際、クリエイティブな組織というのは、人材の使い方が上手いので、全体として非常に効率よく物事が進んでいきます。ではどうすれば適材を適所に使うことができるのかというと、これも大工にたとえて説明しています。

統領において大工をつかふ事、其《その》上中下を知り、或《あるい》はとこまはり、或は戸障子、或は敷居・鴨居・天井已下《いか》、それぞれにつかひて、あしきにはねだをはらせ、猶《なお》悪しきにはくさびをけづらせ、人をみわけてつかへば、其《その》はか行《ゆ》きて、手際よきもの也。

統領は大工の腕に応じて、家のどの部分を作らせるか割り振りをします。そのとき、腕のいい大工ばかりに仕事を振ってしまうと、腕の悪い大工に仕事が回らなくなり、全体としても効率が落ちてしまいます。そうならないためには、それぞれの能力を見極め、それぞれの能力に合ったところに、または、その人の能力が引き出されるような仕事を割り振ることで、物事は効率よく進むようになる、ということです。

材料を見極め、人の能力を見極め、全体像を把握したうえで、効率よく物事が進むように人を配置しなさいと言うのですから、リーダーは大変です。

でも、大変だからこそ、リーダーは決して無理をしてはいけない、とも武蔵は言っています。

果敢《はか》の行き、手ぎはよきといふ所、物毎《ものごと》をゆるさゞる事、たいゆう知る事、気の上中下を知る事、いさみを付くるといふ事、むたいを知るといふ事、かやうの事ども、統領の心持に有る事也。

仕事の能率が良く、手際が良いこと。
何事にも油断しないこと。
何が大切かを見極めること。
気力の上中下を知ること。
勢いを付けること。
そして、無理をしないこと。

これらのことを統領（リーダー）は心がけなければならないということです。

自分はリーダーの器じゃないから、と思う人もいるかもしれませんが、これからの時代は、みんながプロジェクトリーダーを務めることを求められるようになるでしょう。
自分でメンバーを四、五人集めてプロジェクトチームを立ち上げるのですが、メンバーそれぞれもまた別のプロジェクトチームのリーダーとなっている。誰もが何かのプロジェクトのリーダーであり、同時に他のプロジェクトのメンバーでもある。そうした状況がいろいろな組織で進んでいます。

わたしが所属する大学という組織でも、そうした動きはもう始まっています。大学というと、すごくのんきそうに見えるかもしれませんが、実際には常にいくつものプロジェクトが進行していてかなりハードな状況です。

そしてわたしも、あるところでは自分がリーダーを務め、同時に別のところではメンバーに入っています。

こうした状況では、誰もがリーダーとしての資質を求められます。自分は関係ないなどと思わずに、棟梁の心持ちというものを学んでいただきたいと思います。

日本人の「PDCA」＝「吟味・工夫・鍛錬」

『五輪書』の最初を飾る「地之巻」は兵法全体について語った、いわば全体図です。なぜ「地」としたのかについては「地面にまっすぐな道を描くことになぞらえて」名づけたとしています。

続く「水之巻」は『五輪書』の中で最も分量の多い巻で、「器に応じて自在に形を変えたり、一滴にも大海にもなれたり、清らかでもある水を手本に、我が一流のことを述べる」としています。その内容は基本的に「一対一」の戦いについて述べているのですが、その冒頭で「一人ひとりの勝負のように書いているけれど、それは万人と万人との合戦にも使える」と言っています。

兵法の利において、一人と一人との勝負のやうに書付けたる所なりとも、万人と万人との合戦《かっせん》の利に心得、大きに見たつる所肝要《かんよう》也。

これは要するに、基本に習熟すれば、どんな相手でも、相手が何人でも、勝つための道理というものは不変なのだから、そのことをよくよく考えて学びなさい、ということです。

武蔵の文章には、同じフレーズが繰り返し出てきます。

それは、「よくよく工夫すべし」「よくよく鍛錬すべし」「よくよく吟味すべし」という三つです。

「吟味」「工夫」「鍛錬」。武蔵の文章の締めくくりは、ほとんどこの三つに集約されています。何かをアドバイスしたら「よくよく吟味すべし」と締め、一つのやり方を提示したら「よくよく工夫すべし」と締める。

惣而《そうじて》兵法の身において、常の身を兵法の身とし、兵法の身を常の身とする事肝要也。能々《よくよく》吟味すべし。

これは、常日頃からその身は戦う身にして、戦いの身は常の身とするということですから、**戦いのときには平常心を、平常のときにも戦う心を心がける**ということです。この文章も、「肝要也（それが肝要である）」で終わってもいいと思うのですが、そこにあえて「能々吟味すべし」と武蔵はつけるのです。

それは、**学んだことが知識にとどまることがないように、すべて自分の経験に照らしてよくよく考えてみなさい**、そうすることで知識が使えるものになるということです。

ですから「吟味」という言葉が非常に重要なのです。

いくら書を読んでも、それを知識として知っているだけではダメなのです。**学んだことを自分の体で吟味して初めて自分のものとなる。**だから「よくよく」吟味しなさい、と武蔵は繰り返すのです。

いま、ビジネスの世界では「ＰＤＣＡ」という言葉がよく使われます。Ｐ＝計画(Plan)、Ｄ＝実行（Do)、Ｃ＝検証（Check)、Ａ＝改善（Action）ということで、これをサイクルとして何回も繰り返すことで、日々の業務をよりよくしていくというものです。

武蔵の言う「吟味・工夫・鍛錬」は、まさにそれと同じことです。考えたことを実際にやってみて、その成果を受けてさらに改善していくことが大切です。

戦いもビジネスも結果がすべての世界

兵法は技の世界なので、できなければ意味がありません。

いまの時代は情報社会なので、「知っている」というだけでそれが力であるかのように思ってしまいがちです。でも、実際に仕事のできる人を見ていると、**重要なのは「知っているか知らないか」ではなく、「できるかできないか」**だと思います。

理由はよくわからないけれど、あの人の企画は当たる。「言っていることはよくわからないんだけど、結果を出すんだよな」という人がいます。そういう人は、何かを体得しているのです。

わたしが仕事でおつきあいのある、『天才てれびくん』や『にほんごであそぼ』などヒット番組をたくさん生み出したNHKの名物プロデューサーがいます。彼も会議では突拍子もないことを言い出すなど、必ずしも周囲が全員理解できているわけではないのですが、その人がつくる番組はとにかく当たるのです。

中でも一番驚いたのは『にほんごであそぼ』という幼児番組の企画が決まり、誰をメインキャストに据えるか、という話をしていたときです。みんなでいろいろな候補を出し合って考えたのですが、最終的にそのプロデューサーが選んだのは元大関のKONISHIKI（本名・小錦八十吉《こにしきやそきち》）さんだったのです。

彼はハワイ出身で、日本語は上手いとはいえネイティブではない。そこに二、三歳の子供を連れてきてスタジオで番組をつくるのですが、その子供たちもまだ日本語があやしい。つまり、全員が日本語の達人ではない状態で、日本語をテーマにした番組が進んでいったのです。

わたしは正直ちょっと心配していたのですが、これが見事に当たったのです。論理的に考えたら、おそらくは出てこない人選でしょうが、彼は鋭い野性の直感で本質をとらえていたのだと思います。逆に、もっともらしいことは言うけれども、ヒットを出せない人も多くいるわけです。

結局、兵法でもビジネスの世界でも、大切なのは知識の有無ではなくて、実際に結果を出すことです。武蔵は結果を出すことを目指したからこそ、しつこいほどに「よくよく吟味すべし」「よくよく工夫すべし」「よくよく鍛錬すべし」と言っているのです。

アイデアを発想する達人は、この三つのワード「吟味、工夫、鍛錬」を意識していると感じます。

ユニクロや楽天、セブン‐イレブンなどのロゴをつくったことで知られるグラフィックデザイナーの佐藤可士和《さとうかしわ》さんとの対談で聞いた話です。

次々と素晴らしい作品を世に送り出している可士和さんですが、昔はアイデアが出なくなったらどうしようと思った時期があったそうです。でも最近は、アイデアは必ず出ると思えるようになったと言うのです。

なぜそう思えるようになったのかというと、答えは自分ではなく相手の中にあることがわかったからだと言います。

ただし、そのときに大事なのは、クライアントにきちんと質問して、「ずれ」がないようにしておくことだそうです。実際、ある質問をしなかったために、できあがったものを見たクライアントが「思っていたものと全然違う」と言い、それまでの労力がすべて無駄になってしまったケースがあったそうです。

質問をしていくことで、ぼんやりしていた相手の要求が次第にはっきりします。本人が意識していないことを引き出すこともできます。クライアントの求めているものを明確にすることが、結果的に能率と精度を高めることにつながるのです。

確かに、どんな仕事も「これでいいですか」「こういうことですか」と確認しながら進めていくと、ミスを減らすことができます。特に若く経験の浅い頃は、上司の指示を理解しないまま、何となく自分の仕事に入ってしまうことが多いので注意が必要です。叶士和さんも、若いときは、きちんと確認しなかったために丸ごと無駄になってしまったことが何度かあったとおっしゃっていました。

この話を聞いたとき、わたしは試験にも通じることだと思いました。

大学受験に受かることとは、その教科ができるようになることだと思っている人が多いのですが、受験に限っていえば実はそうではないのです。早稲田には早稲田の出題者がいて、東大には東大の出題者がいて、それぞれ全然違うタイプの問題を出してきます。

問題を読んで、出題者の意図を汲み取り、出題者を満足させる解答を書くことが試験に受かるということです。だから試験の勝敗は、出題者に勝つということなのです。

出題者の意図を汲み取って準備できること自体が社会的な能力だと考えると、その時々に応じて必要な道具は何か、どうすれば効率よく答えを導き出せるのか、ということを「よくよく考える」ことに真剣勝負の価値があると言えます。

仕事も試験も兵法も、結局は武蔵が言うように「基本」に習熟すれば対応できるようになるということです。

固着しない発想力の大切さ

惣而《そうじて》、太刀にても、手にても、ゐつくといふ事をきらふ。ゐつくは、しぬる手也。ゐつかざるは、いきる手也。

「ゐつく（居着く）」というのは固着するということです。剣などもあまり固く握りすぎるのはよくない。何でも固着すると、それは死ぬことになるので、状況に合わせてやりなさい、ということです。

わたしは高校生のときに吉川英治《よしかわえいじ》の『宮本武蔵』という小説を読んで、武蔵が吉岡《よしおか》一門と対決するシーンにとても興奮したのを憶えています。武蔵は大勢を相手にしなければならないこの戦いに備え、いろいろな策を練るのですが、それはまさに「一つの考えに凝《こ》り固まったら、それは死ぬる手だ」という言葉そのままの戦いです。

この一乗寺下り松《いちじょうじさがりまつ》の決闘の話は、吉川英治の創作かもしれませんが、武蔵は決闘することも多かったので、木の上に隠れたり、わざと遅れて行ったり、実際いろいろなことをやったのだと思います。

固着しないということでは、武蔵は基本にとらわれることも戒めています。

五方《ごほう》のかまへは、上段、中段、下段、右のわきにかまゆる事、左のわきにかまゆる事、是《この》五方也。（中略）いづれのかまへなりとも、かまゆるとおもはず、きる事なりとおもふべし。

上段、中段、下段と構えはいろいろあるけれど、いずれの構えでも「構える」と思うのではなく、「斬る」と思ってやることが大事だということです。

その時々に応じ、斬るためにベストなものを取ればいいのだから、とにかく斬ると思ってやれ、というのです。武蔵は非常に実践的な人なので、**結果を出すことが大切なのであって、やり方にとらわれるべきではない**と言い切っています。

こうした武蔵の言葉は、いまのわたしたちに、固着しない発想力の大切さを教えてくれます。

仕事でも構えばかり気にして結果に結びついていない人というのがいます。やたらとコンピューターを駆使して資料はつくるのだけど、目新しいアイデアがない。これではいくら資料をつくっても一円にもなりません。

わたしの業界でも、本や論文を書くと言って調べものは膨大にしているのに、まったく書けないという人がいます。ものすごく調べた専門家なのに何も書けない。それに対して、「書く」ということを目的にしている人は、章立てなどアイデアを練ってから、書くために必要なことを調べるので、結果に結びつきます。

しかし、かく言うわたしも修士課程のときに二年間ぐらい論文がまったく書けなくなってしまったことがありました。そのため修士課程を三年やることになってしまったのですが、なぜ書けなかったのかというと、あらゆることを調べてからでないと書けない、自分が考えたあらゆることを盛り込まないといけない、と思いこんでしまったからなのです。

この壁を乗り越えられたのは、論文というのは職人仕事だと思うようになってからです。

論文職人になると決めたわたしは、パソコンの中に論文のフォーマットを入れ込んで、とにかくそこにぶち込んでいくということをしました。すると論文がどんどん書けるようになったのです。そのとき、仕事というのはこうやってやるのだと開眼しました。

もちろん、どんな物事にも「原則」はあるのですが、そこにこだわり過ぎてはダメなのです。基本に忠実に練習はするけれど、常に目的は「斬る」ことだということを忘れず、臨機応変に対処していくことが必要なのです。

武蔵はこの他にも「敵をきる縁《えん》なりと心得《こころう》べし」とか「何事もきる縁と思ふ事肝要也」というように、繰り返し「斬る」という気持ちを忘れないようにと言っています。

兵法なので「斬る」という言葉を使っていますが、ここで言う「斬る」とは、「結果を出す」ということなのです。

自分と相手の心をコントロールする

『五輪書』「火之巻」は、基本を説いた「水之巻」より少し大きな視点から、具体的な戦術やノウハウが述べられています。

そこでは、自分の心をコントロールするための具体的な方法も語られています。

むかつかするといふは、物毎《ものごと》にあり。一つにはきはどき心、二つにはむりなる心、三つには思はざる心、能《よ》く吟味有るべし

「むかつかする」というのは、いま風に言えば「むかつく」、すなわち腹を立てることです。これは、人が動揺する原因について述べた言葉です。

原因は三つ。一つは危険な場合。二つ目は無理な場合、そして三つ目は予測しないことが起きた場合です。

危険を感じたとき、無理難題に直面したとき、そして想定外のことが起きたとき、人は心が動揺してしまう。だから、動揺しない心を鍛えることが大切だということです。

敵山と思はゞ海としかけ、海と思はゞ山としかくる心、兵法の道也。

これは、先ほどの「動揺」を逆手に取った教えです。

相手が山と思ったら海を仕掛け、海と思ったら山と仕掛ける。要するに相手にとって「想定外」のことを仕掛けなさいというアドバイスです。想定外のことが起きると相手は動揺するからです。

さらにこれは、人とは違う発想をすることの重要性を言ったものと読み解くこともできます。

他のみんながやっていることはやらない。青色発光ダイオードを発明してノーベル賞を受賞した中村修二《なかむらしゅうじ》さんは、可能性が高いと言われていた、他のみんなが取り組んでいた方法をあえてとりませんでした。

なぜなら、あれだけの人数が、あれだけの予算をかけてもいまだにできないということはダメなのではないか、と思ったからだそうです。そうして少数派に回った結果、彼は見事に成功しました。

いずれにしても「意表を突く」ということを、武蔵は強く説いています。

意表を突いて相手が動揺したら、とどめを刺すまでは決して気を抜いてはいけない。そして、そのためには普段から自分の得意技を磨き、判断力を磨き、自分の持てる力を上手に使えと言うのです。

自分の力を上手に使う方法

この自分の力を磨いて上手に使えというアドバイスは、現代のわたしたちにとっても当てはまります。

上手に使うためには、いま自分はどのような力を持っているのか、また、その中でいま使えるものは何なのかということを考えることが必要です。そしてこのとき重要なのが、**いま自分にとって「斬る」とは何を意味するのか見極める**ことです。

これを見誤ると、本当は企画を通すことだけではなく、その企画で利益を上げることが

「斬る」ということなのに、企画を出しただけで満足してしまうという過ちを犯すことになりかねません。

わたしも、いい企画だと思って参加したら、まったく人が集まらなくて悲惨な結果に終わったイベントを経験したことがあります。もう十年以上前、『冬のソナタ』が人気になっていた頃の古い話です。

それは政府も関係した日韓の文化交流イベントで、著名人も数多く参加し、講演会やシンポジウムを行なうというなかなか大々的な企画でした。

ところが、意気揚々《いきようよう》と韓国に行くと、現地ではこのイベントがほとんど認知されていなかったのです。事情を聞くと、韓国サイドが少し前からこのままでは集客が危ういから、韓国の新聞に告知を出さないか、とずっと言っていたのに、日本側が出させてくれなかったというのです。

この失敗の原因は、おそらくイベントをやるということ自体が目的化してしまったことだと思います。いくらイベントを開催していい話をしても、それを聞く人がいなければやる意味がありません。

お役所仕事というのは、利益を上げることを目的にしていないので、実のある目標を見失いがちです。すると、やればいい、記録を残せばいい、観客が五十人でも五百人でも関係ない、ということになってしまいます。

誤解があるといけないのですが、聴衆は集まりませんでしたが、スタッフは皆、真面目に、コツコツと丁寧な準備をしていました。つまり、やるべきことはきちんとやっていたのです。ただ一つ、集客のための告知をするということを除いては。

この失敗例からもわかるように、きちんとやっているのに売れないとか、きちんとやっているのに成果が上がらないというときは、目的を見誤ってしまっている可能性があります。

そうしたときは、自分にとって「斬る」とは何なのか、斬るために自分は何を使いこなさなければならないのか、ということをよくよく考えることが必要です。

武蔵の場合、斬り損ねることは自らの死を意味していました。われわれは斬り損ねてもまず死ぬことはありませんが、真剣勝負だと思って臨む気持ちは持ちたいものです。

誰でも自分の『五輪書』を書ける

武蔵が言う「真剣」は本当の意味での真剣です。

でもいまは、「真剣勝負の気持ちでやれ」とよく言いますが、命を取られるどころか、失敗したとしても会社をクビになることすらありませんから、なかなか難しいです。

武蔵は多くの実戦を経験していますが、晩年は江戸時代なので、もはや「真剣勝負」をする人などほとんどいない平和な時代です。その平和な時代に、武士としての自分の道を極めることに人生の主眼を置いた武蔵は、技術を磨き抜くことによって精神性を高める「一つの道」を極めていくことになります。

この道筋は、もしかしたら日本人が最も得意とするところなのかもしれません。日本人はどんなものも突き詰めることで「道」にしてしまうからです。メジャーリーガーはすごいプレーをしていても、「野球道」などということは言いませんが、イチローなどを見ていると、彼には彼の「野球道」があるのだと感じます。

事実、営業を突き詰めた人は、「営業道」みたいなものを語るようになります。

わたしは以前、雑談をテーマに『雑談力が上がる話し方』（ダイヤモンド社）という本を出したことがあります。たかが雑談と思われるかもしれませんが、雑談も極めることが可能で、極めるとどんな相手とも盛り上がれるようになるのです。

この雑談力をビジネスパーソンが身につけると、営業先に行ったときも、相手との距離をスッと近づけて場を温めることができるようになるので、大きな力となります。

そう考えると、営業道について語るとき、「雑談」という項目を立てることができます。

他にも商品説明の項目やフォローの項目も立てられそうです。これはつまり、一流の営業マンであれば、誰でも『五輪書　営業版』を書けるということです。

地之巻ではまずとっかかりとして雑談について述べ、水之巻では相手が聞いて気持ちい い商品説明とはどのようなものかということを考える。そして、自分の仕事を一つの道として考え、突き詰めていくと、必ず最後には一つの境地、融通無碍《ゆうずうむげ》な「空の境地」に至ります。

一人ひとりが、自分の道で「空の境地」に至ることを目指して、自分は何を揃えればいいのかということを、自ら『五輪書』を書く気持ちで取り組んでいただくと、人はもっと創造的で強くなれると思います。

考えてみると、ある程度仕事をしてきた人はみな自分のスタイルを持っています。その中で特にうまくいったケース、**自分の「勝利パターン」を中心にまとめれば、それがあなた自身の『五輪書』になります。**

もちろんその内容は、自分自身の経験から吟味したものになるので、ある人は「固着するな」と言い、別の人は「一つのことにこだわれ」と、相反することを述べることになるかもしれませんが、それはその人の道なので、それでいいのです。

武蔵は自分の戦い方を極め、そのノウハウを具体的に書き記しました。内容が非常に具体的なのに、いまでも人々はそこから、これは自分の仕事ならこれに当たるな、というように多くの意味を読み取ります。これこそ普遍性というものなのだと思います。

武蔵が、単に強いだけの人ではないのは、『五輪書』を書いたからです。宮本武蔵は、『五輪書』を書いたから、宮本武蔵になれたのです。

上達の原理を摑むことが大切

武蔵は「上達」ということを重視しました。

よくよく吟味するのも、よくよく工夫するのも、よくよく鍛錬するのも、すべては上達するためです。

そういう意味では、武蔵が『五輪書』で伝えたかったのは、**具体性から出発して、上達の普遍的な原理を摑むこと**だと言えると思います。

わたしは、かねがね学校教育の中心は「上達」であるべきだと考えていました。数学が上達する、英語が上達する、国語であれば読む力が上達する、書くことが上達する。理科の実験においても上達することが大切です。

それなのに、いまの学校教育では、単に「学ぶ」というばかりで「上達」という言葉を使いません。「学ぶ」というどこかぼんやりした言葉ではなく、「上達」という言葉をもっと使うことで、学校教育の目的を明確にするべきだと思います。

上達の良い点は、基準はあくまでも自分だということです。相対的に見れば、うまい下手はあるかもしれませんが、自分が基準なので、他人との比較ではなく自分自身がステップアップしているかに集中できます。自分がステップアップしたことが感じられれば、学習のストレスは大幅に減少します。

いまは相対評価が中心なので、自分は数学が人よりできない、頭が悪いんだ、となってしまいますが、上達を中心に据えれば、いまはまだ数学が下手だけれど、それは練習することでステップアップできる、と現状を前向きにとらえることができるようになります。

習いごとでは、そろばん1級とか、水泳で帽子につけた線の数が増えるごとにクラスが上がるなどと、上達の段階をよく可視化します。上達のいい点は、ステップアップの基準が明快で目に見えるということです。

それに加え、上達は一度経験すると、上達というのはこういうものだということがわかるので、他の分野でもなんとなくその感覚を摑めるというメリットもあります。実際、ある教科ができるようになると、他の教科でも上達のコツがわかり、同じようにできるようになるのです。

本当に勉強ができる人は教科ごとの落差がほとんどありません。それは、**上達の普遍的原理を摑んでいる**からです。そういう人は、会社に入って資格をとれと言われても、すぐにコツを摑んで試験に合格してしまいます。東大の法学部の同級生にはそういう人がたくさんいました。彼らは会社に入ってからも、どんどん試験に合格しています。

上達のコツを摑むには、何か一つでいいので、自分が上達した経験のあるものを思い起こして、上達の記録を書き起こしてみることです。

たとえば、野球部の部活動で上達したプロセスがあり、いまは英語ができなくて困っているという人は、まず、自分がかつて部活にかけたほどの情熱でいま英語をやっているか考えてみるのです。

そして次は、あのときやった素振りは、英語の勉強に置き換えたら何に当たるのか考えてみるのです。その結果、素振りは単語を憶えることだとわかれば、野球のときは素振り一万回をやったんだから、単語も同じように繰り返しやれば憶えられるというように、筋道が見えていきます。

武蔵の哲学の根本は、「上達の原理を摑む」ということです。そして、そのためにすべきことは、「よくよく吟味、工夫、鍛錬する」ことです。この武蔵のメッセージを読み取り、自分のことに当てはめていけば、勉強も仕事も自《おの》ずと変わっていくはずです。

［第三章］

発想力は「目のつけどころ」である

——松尾芭蕉

発想とは「目のつけどころ」だととらえてみる

松尾芭蕉（一六四四〜一六九四）は『おくのほそ道』で知られる、江戸時代前期の俳諧師です。芭蕉は「わび、さび、しをり」という古風な美意識を追求した人と見られがちですが、実は新しいものを常に見つけようとした人でした。

彼を象徴するものに「不易流行《ふえきりゅうこう》」という言葉があります。

「不易」とは変わらない普遍的なもの、「流行」はいまここで起こっている新しいこと。芭蕉はどちらかというと一時的で時間とともに変化する「流行」を大切にし、変わりゆく新しいものの中に普遍的なものを見つけることをよしとしました。これが「不易流行」です。

普通は、変わらないものと変わりゆく新しいものがあると、変わらない普遍的なもののほうを大事にしがちですが、芭蕉はその時々に「新しさ」を求めました。そのため彼は、「気づき」や「新しい着想」をとても大切にしたのです。

ですから、俳句の本質は、実は「意外性」にあります。

句をつくるうえで、新しい気づきやアイデアがないものはよしとせず、いままでにあったようなことを繰り返すことを自分に許しませんでした。ですから彼の俳句を見ると、着想が似ている句はもちろん、同じ言葉を使うことも、同じような目のつけどころの句さえも、自分に許さない厳しさがあります。

芭蕉の発想力を一言で言うなら「目のつけどころ」です。

実際、俳句の世界では、「その目のつけどころが新しいね」とか、「いままでそうやって見た人はいないよ」、「いいところに目をつけたね」といった褒め方をします。俳句はほとんど目のつけどころで決まると言っても過言ではないのです。

クリエイティビティとか創造性というと、たとえばニュートンや湯川秀樹《ゆかわひでき》のように何かすごいことを発見したり、画期的なものを生み出さなければいけないような気がして腰が引けるかもしれませんが、芭蕉を見ていくと「目のつけどころ」、すなわち一見細かいところに気がつくことが、実は素晴らしい発想につながることがわかります。

創造力には段階があって、われわれ一般人は、最初からモーツァルトのようなトップ集団の人たちを見てはダメなのだと思うのです。

ただ、モーツァルトも最初から高い位置にいたわけではありません。

彼は小さい頃から「こういうのがハイドン先生風の曲」というように、いろいろな作曲家のスタイルを取り入れていました。彼自身が書いた手紙にも「自分はどんな作曲家のスタイルでも真似できます」と書いたものが残っています。

一流の人がすごいのはどこなのか、彼らの特徴はどこにあるのかを気をつけて見ていると、次第に創造性の階段を上っていけるのではないでしょうか。

旅という外側からの刺激を利用する

芭蕉の創作に旅は必要不可欠なものでした。

旅に出ると、新しいものに出会います。**新しい出会いという刺激は、新しい着想につながります。**それは自分の家の中にいたのでは得られないものです。

現代でもわざと働く拠点を複数持って、移動しながら仕事をする人がいますが、彼らはノマドワーカーと呼ばれます。芭蕉は、江戸時代のノマドワーカーだったわけです。

五月雨《さみだれ》の降りのこしてや光堂

これは、芭蕉が岩手県平泉《ひらいずみ》の中尊寺の光堂（金色堂《こんじきどう》）を訪れたときの感動が刺激となって生まれた句です。

新しいものに出会い刺激を受けると、何かが出てくる。「目のつけどころ」を重視するというのは、その出方を工夫しようということです。

旅のよさは一期一会《いちごいちえ》だということです。芭蕉が生きた江戸時代初期の旅は、いまのように手軽なものではありません。一生のうち、この土地へ来ることはもう二度とないかもしれない。そう思うと受け取る情報が増え、その感動を刺激に句を詠みました。

このように芭蕉は、外からの刺激をうまく取り入れて発想に活かしています。彼にとって創造性は、自分の内側にあってそれを発揮するものではなく、外側から刺激されて出てくるものでした。英語で言えば「インスピレーション」です。

「インスピレーション」という言葉は「霊感」とも訳されます。霊感は神に吹き込まれて（インスパイアされて）出てきたものというニュアンスを持ちます。要は「受け身」なのです。

受け身というとネガティブな印象を受けるかもしれませんが、わたしはこの受動的なところがむしろいいのだと思っています。創造力というものが自分の中にあると思ってしまうと、肩に力が入って、むしろ出にくくなるのではないでしょうか。

でも受け身だと思えば、自分はあくまでも「反応する器」だということになります。**外から入ってきた刺激を自分という「変換器」が変換し、それに目のつけどころを一つ加え**

て出す、それが発想だということです。

そう思っていると、旅のような何か新しいことに触れられる場に身を置くことで、次々と新しい刺激を受け、その度に目のつけどころも変わって、新しいアイデアが次々と湧き出てくるようになります。

ですから、まずは自分は単なる変換器だと考えるところからスタートすると、創造性のハードルを下げることができるというわけです。

俳句では、「わたし」を主語にして「あなたを好きです」などのように自分の感情を直接表現するようなことがあまりありません。感情というものを、自分とは異なる次元で切り取っているのです。

古池や蛙《かわず》飛びこむ水の音

この句では、自分のことは一切語っていません。言葉の意味だけを拾うと、古池がある、蛙が飛び込んだ、その水音が聞こえた、というだけです。しかし、そこにいる詠み手の静かな心持ちが伝わってきます。

自然と自分が出会い、自分と自然が一体化したところで何かを切り取る。これは芭蕉が新しく切り開いた境地です。

風流を極めた詩人

俳句は、俳諧連歌《れんが》の最初の部分「発句《ほっく》」を、芭蕉がそれのみで鑑賞に堪えうるものとして独立させたことが始まりとされています。

芭蕉が登場するまでの俳諧（俳諧連歌）は「諧（たわむれ）」という字が使われていることからもわかるように、面白さを競うものでした。戦国時代の連歌師で俳諧の祖と言われる山崎宗鑑《やまざきそうかん》（一四六五？～一五四〇頃？）はまさに滑稽《こっけい》さを追求した人です。その後、貞門《ていもん》俳諧や談林《だんりん》俳諧と呼ばれる俳諧集団によって俳諧は世に広まっていきました。

芭蕉も最初はこうした面白みのある俳諧をつくって人気を博し、江戸で新進気鋭の宗匠として知られるようになります。

しかし、やがて芭蕉は面白さだけを追求する俳諧に不満を感じるようになります。面白さだけを追求していたのでは、結局、言葉遊びになってしまう。もっと深みのあるものをつくりたい。

そう思った芭蕉は、それまでの諧謔《かいぎゃく》から離れることを決意し、人に教えてお金を取るという宗匠としての仕事も辞め、一六八〇年には住まいを深川《ふかがわ》に移し「芭蕉庵」という小さな庵に籠もって、新しい俳諧を追求します。

そうしてつくり上げたのが『野ざらし紀行』(一六八四年)です。

『野ざらし紀行』は、芭蕉が門人の千里《ちり》とともに東海道から甲州路を旅したときに詠んだ句を、紀行文としてまとめたものです。タイトルの「野ざらし」とは骸骨《がいこつ》のことですが、これは旅立ちのときに詠んだ句からとったものです。

野ざらしを心に風のしむ身哉《かな》

いつ自分が骸骨となるかわからない、そんな人生のはかなさを覚悟した旅立ちでしたが、芭蕉はその後も旅を重ね、ついに『おくのほそ道』に至ります。

芭蕉の旅は常に「風狂の旅」でした。

「狂」というのは一つのことに邁進《まいしん》する状態ということですから、風狂の旅とは、風流一筋で、もはや少しおかしくなっているような状態の旅ということです。

実際、芭蕉は行く先々でこの「風流」を突き詰めていきます。

閑《しずか》さや岩にしみ入る蟬《せみ》の声

これは『おくのほそ道』にある、山形県の立石寺《りっしゃくじ》で詠んだ句です。

おそらく蟬時雨《しぐれ》のように蟬の声が聴こえていたのだと思いますが、そこで芭蕉はあえて「閑さや」と切り取っています。また、岩に蟬の声がしみ入るという表現も情景に深みがあります。自分については一言も語っていませんが、情景を詠んだだけのこの句には見事に芭蕉の情感がこもっています。

自らも俳句をつくる作家の小島政二郎《こじままさじろう》氏は、『詩人芭蕉』（弥生書房）という本の中で、芭蕉の句を「これこそが詩だ」と評しています。実は、わたしもこの本を読んで芭蕉は詩人だったのだということに改めて気がつかせてもらいました。

芭蕉は俳人だと思っているとなかなか気がつかないのですが、改めて考えてみると、もしかしたら芭蕉は日本最高の詩人と言えるかもしれません。

詩で最も重要なのは詩情、すなわち詩の情感ですが、確かに芭蕉のつくる句にはどれも情感が漂っています。しかも、五・七・五というわずか一七文字の制約の中でそれをやってしまう。

同じ五・七・五でも川柳に情感はありません。「役人の子はにぎにぎをよく覚え」のように、面白さはあるのですが、それは情感ではありません。

おもしろうてやがて悲しき鵜舟《うぶね》かな

これは芭蕉が岐阜長良川《ながらがわ》の鵜飼いを見たときに詠んだ句です。謡曲の「鵜飼」を背景にしてはいますが、魚を鵜に捕らせて面白い鵜飼いだけれど、やがて悲しきといわれると、なんとなく感じていた鵜飼いのもの悲しさが一気に胸に迫ります。つまり、この句は鵜飼いの本質をとらえているのです。

またこの句には、「おもしろうてやがて悲しき」の後ろには鵜舟ではなく、他のものを入れても成立するという普遍性もあります。

芭蕉のとらえた本質と、鵜飼いという具体的なもの、この具体的かつ本質的なところが芭蕉の俳句のよさです。

芭蕉はスケールの大きな句も詠んでいます。

荒海や佐渡《さど》に横たふ天の河

この句からは二枚の絵の対比がイメージされます。

まず一枚目の絵は、荒れた日本海です。荒海やの「や」は、切れ字といって、情景の区切りを示しています。

もう一枚の絵は、目線が上がって、佐渡に向かって夜空に広がる天の川の姿です。

これだけでも非常にスケールの大きな句ですが、さらにそこに情感が込められています。佐渡島は単なる島ではないからです。佐渡は古くから流刑の島で、これまでに多くの人々が流されてきました。基本的には罪人が流されるのですが、中には順徳天皇《じゅんとくてんのう》や日蓮《にちれん》上人、世阿弥などといった立派な人たちも含まれています。

荒海を目の前にしたときの佐渡の遠さと、佐渡に対するイメージの広がり、それがわずか五・七・五の中に詰まっているこの句は、スケールという意味でも、情感的にも非常に壮大で、芭蕉の持つ「詩人の魂」が感じられます。

深みと軽みを両立した「蕉風《しょうふう》」

それまでの俳諧は、軽やかなのですが深みがないので、ギャグやシャレ（洒落）のようなものです。

しかし、深みが欲しいからといって、それだけを追求してしまうと、今度は重くなってしまいます。「生きるとは何か……」というような重たい言葉を露骨に出してしまう人生訓のようなものになってしまいます。

わたしたちは芭蕉というと、すぐに「わび、さび、しをり」と言います。確かにわび、さびも深みを出すにはいいのですが、それだけでは渋くなりすぎてしまいます。

そこで芭蕉は、重くなりすぎないようあっさりとした言い方をするよう指導します。芭蕉が目指したのは「軽くて深い」句です。これを蕉風といいます。

重い句とは具体的にどのようなものを言うのか、芭蕉研究をしている井本農一《いもとのういち》先生はその著書『芭蕉入門』（講談社学術文庫）の中で次のように語っています。

重い句というのは、第一には観念的な句です。理屈の句です。第二には、風流ぶった句です。わざとらしい風流の句です。第三には故事や古典によりかかった句です。そういう句を排斥《はいせき》して芭蕉は俳諧の特色を発揮した軽みを強調します。

（『芭蕉入門』／一七二ページ）

芭蕉は、『おくのほそ道』で不易流行論を摑んだことで、まず新しみの追求を強調するようになります。おそらく、そうしたとき芭蕉の弟子たちは、新しみを求めよというけれど、どんな新しみを求めればいいのかということを尋ねます。そこで出てきた芭蕉の答えが「軽み」だったのです。

そう言われてみると、芭蕉の句はどれも軽みと深みがバランス良く整っています。

秋深き隣は何をする人ぞ
菊の香や奈良には古き仏達
此の道や行く人なしに秋の暮

どれも一見すると普通の風景描写のように見えるのですが、深みがあります。これこそが芭蕉の良さであり、それまでの俳諧にはない斬新なところです。

誰しも新しいものを生み出そうとすると、どうしても考えすぎて重くなってしまいます。

たとえば、これはわたし自身の経験ですが、ベストセラーとなった『声に出して読みたい日本語』（草思社）は、最初「日本語暗唱テキスト」というタイトルを考えていました。

この本の新しいところは、日本語を暗唱するためのテキストなので、それを出したかったのですが、おそらくこのタイトルのままだったらヒットしなかったでしょう。あまりにも重いからです。

こうしたことは、企画会議などでもよくあることだと思います。

芭蕉は他にも「主観的な重みを排すること」、つまり自分（主観）を出さないようにすることが軽みにつながると言っています。

確かに、作文などでも、「私が――。私が――。」という文章は読んでいると、自己主張が強すぎていやになります。

そう考えると、**重くならないように自分（主観）を排除していくというのは、もしかしたら生き方としても参考になる**ものではないかと思います。

いつも自分の悩みばかり言っている人は、面倒くさがられます。仕事の場面などではできるだけ自分の主観を排除して、さっぱりと議論したほうが物事はスムーズに進行していきます。

そこでわたしは、会議をスムーズに進めていくために、ダメだなと思ったものに対しては、それまでのいきさつがいろいろあったとしても、すぐに「とりあえずこれ、一回やめちゃおう」と言うことにしています。最初は、わたしがあまりにもあっさりと言うので戸惑う人もいましたが、実際にやめてみると、これが結構評判がいいのです。

ポイントは、身も蓋《ふた》もなく、重みを排してあっさりと言うことです。ここでくどくど説明するのは良くありません。芭蕉も「謂《い》ひおほせて何か有る」と言っています。全部説明したら面白くないじゃないか、ということです。

ダメなものはすぐにやめる、そして、いいものはすぐに取り入れる。こうして取捨選択をさっぱりしていくというのが、芭蕉から学んだことの一つです。

みなさんも真剣に考えすぎて重くなってしまったときは、芭蕉を思い出し、肩の力を抜いて、少しだけ気楽に、軽く考えてみてください。

磨くべきは「即興力」

いまわたしたちが俳句と言っているものは、俳諧連歌の発句（最初の五・七・五）を独立させたものです。俳句をはっきりと意識して詠むようになったのは芭蕉からですが、彼はこの元の形である連歌を踏襲した連句も熱心に行なっています。

連句では、最初の人が五・七・五の発句を出し、そこに次の人が七・七を付け、また次の人が五・七・五を付けるという形で進んでいきます。それが二六回ほど回ると歌仙といって一つの座が終わります。

連句は、前の人の句を受けて次々と付けていくわけですが、芭蕉は常に「君の目のつけどころは何かね」という問いかけをするので、弟子たちは大変です。

ある連句の会でこんなことがありました。

芭蕉が弟子の去来《きょらい》に次の会の発句を用意するように言います。ところが会の当日、準備する時間は充分にあったはずなのに、去来は発句ができていませんでした。

連句の会というのは、言わばアイデア大会のようなものです。

参加する人はみな、ほぼ即興に近い状態で、次々と句をつないでいかなければならないうえ、芭蕉に「君の目のつけどころは」と問われるのですから大変です。中でも発句はその日の会の流れを決める重要なものです。発句がなければ始まりません。

しかたがないのでその日は芭蕉自身が発句を提案してなんとか座は成り立ったのですが、後で芭蕉は去来を厳しく叱《しか》りました。発句を任されたぐらいですから、去来には実力があったはずです。それで発句をつくれなかったということは、大きなプレッシャーに負けてしまったのでしょう。

連句を楽しむには前の人がつくった句を鑑賞する力が必要です。それができないと、次を付けられないからです。前の人の作品を鑑賞し、それに沿いつつ少しずらした句を付けていく。ですから座は、鑑賞と創作が一体になった空間をともに楽しむという、それ全体がすごい芸術なのです。ここに連句の難しさと素晴らしさがあります。

俳句という新しい文学を生み出した芭蕉ですが、俳句の最大の醍醐味《だいごみ》は、やはり座にあると言っています。

文学というと、普通は作家がひとり部屋に籠もってやるものと思われていますが、連句は座に集まったみんながアイデアを出しあってつくり上げる共同の作品です。

その傑作集とも言える芭蕉一門の連句を集めた本があります。それを見ると、よくこんなものが次々に付けられたものだと感嘆するほど素晴らしいものです。

しかし、**芭蕉がもっとも大切にしていたのは、その場の座の盛り上がり「一座の興」**でした。そのため、どんなに素晴らしい連句の会も、それを紙に書いて残したものは反故《ほご》、つまり捨ててしまっていいようなものだとまで言っています。

一座の興というのは、たとえるなら即興で行なわれるジャズのセッションのようなものです。その場、そのときにしか味わえないものなのです。

当時は、そんな一流のジャズのセッションのような連句の会が、日本のあちこちで夜な夜な行なわれていたのですから衝撃的です。日本中至るところに即興詩人集団がいるという、壮絶な文化レベルだったのです。

そうした文化レベルで培《つちか》ってきた**「即興力」**は見直されてよいと思います。

チームリーダー、教育者としての芭蕉

座の文学である俳句は、チームスポーツのようなものだと言えます。

チームのリーダーが芭蕉で、チームのメンバー全員が順番にアイデアを出していく。連句の会では全員に等しく順番が回ってくるので、パスは許されません。みんな追い込まれながらも「これがわたしのアイデアです」と精一杯のものを出す。

そんなことを繰り返していたのですから、芭蕉の弟子たちは鍛えられました。芭蕉の弟子たちのつくった句には、師である芭蕉と比べても遜色《そんしょく》のない作品が数多くあります。

芭蕉は、とても優れた教育者だと言えます。

なぜなら、彼のあとには三百人とも二千人とも言われる弟子たちがいるからです。しかも、それが源流となっていまの膨大な俳句人口に至るのです。俳句を楽しんでいるほとんどの人が芭蕉の弟子みたいなものです。

実際いまは、俳句というと蕉風が当たり前だと思われています。わたしたちが思っている俳句らしさというのは、芭蕉がつくった美意識なのです。

それをチームで作品をつくっていく中で教育したというのが、芭蕉の教育の大きなポイントです。

たとえば、去来が「岩鼻やこゝにもひとり月の客」という句をつくったときのことです。

芭蕉が句の背景を尋ねると、去来は、名月に誘われて句をつくりながら山野を歩いていたところ、岩の端っこに立って、わたしのほかにも月を眺めている風雅な人を見かけ、この句ができましたと答えます。

作句の事情を知った芭蕉は、それならばこの句は、風流に興じた酔狂者が、ここにももう一人いますよと、自ら名乗り出たとしたほうがずっと風流でいい、とアドバイスしたのです。

これは、俳句自体は一文字も変えていません。句はそのままに、解釈を変えたのです。

自分の他に同じような人を見つけたのではなく、ここにも一人わたしという風狂者がいますよと解釈したほうが面白いのではないかというのですが、確かにそう言われるとそちらのほうがいいような気がしてきます。

このように芭蕉は、弟子のつくった句を一字も変えることなく、解釈によって高めてしまうということもしています。さすが芭蕉、相手を否定することなく、相手の持ってきたものを活かしてより良いものに仕上げるというのは超一流の指導です。

しかも芭蕉は、先に相手の話を聞いています。それを聞いたうえで、より良くするアドバイスをしているのですから、見事なコーチングです。

芭蕉を見ていると、**いい指導者というのは、アイデアを追加してあげられる人**だということがわかります。指導が下手な教師や上司というのは、ダメなところはわかっているけれど、どうしたらよくなるのかがわからないという人が多いのです。要は改善のアイデアが出ないということです。

仕事の現場でも、ここのところだけちょっとこうしたらどう、と具体的なアドバイスをしてくれる上司がいると、俄然よくなるということがよくあります。手取り足取りではなく、アイデアを一つ出してあげて、あとは自分でやってみてと言うとできてしまう。こういうのが一番よい指導なのだと思います。

わたしは仕事柄、学生の論文の相談をよく受けますが、見ると勉強しているのはわかるのですが、どうも全体がモヤッとしているということがあります。そういうときは、「この三章をメインに据えて、キーワードはこれにしたらいいんじゃないか」というように、できるだけ具体的なアイデアを出して指導するようにしています。そうすると、学生も「お陰ですっきりしました」と納得して直してきます。

場をクリエイティブにする「対機説法《たいきせっぽう》」

芭蕉は、門人たちの創造力を刺激する素晴らしい教師でした。

芭蕉の指導は、まず門人の作品を褒めることから始まります。芭蕉の門人は、武士、町人、僧侶、医師、農民などさまざまな階層の人たちがいました。立場も違えば、タイプもいろいろです。

そんな多種多様な門人一人ひとりの長所が残るような指導をするのですが、そのとき決して相手や作品を全否定することはしません。門人がつくってきた句に応じて、具体的なアドバイスをします。ですから、相手に応じて、その時々に応じて、指導は変わります。

こうした指導法は、**機をとらえて法を説くということで、「対機説法」**と言います。

わたしも以前、学生を指導するときに、ダメなところを指摘していたことがあるのですが、そうしていると次第に意欲が出てこなくなってしまうのです。そこで、まず学生のストロングポイントを見つけて褒めるようにしたところ、やる気もアップしてうまくいくようになったのです。

芭蕉は適切な指導で、弟子たちと良好な関係を保ちながら、チームとしてより良い作品をつくることに成功しています。さらに芭蕉が面白いのは、時期によってそのチームの入れ替えを行なっていることです。

つまり、句会のメンバーを入れ替えるのです。

そうなってくると、日本代表みたいなもので、芭蕉の句会のレギュラーになるのが大きな喜びになっていきます。

弟子の去来や凡兆《ぼんちょう》、杉風《さんぷう》などはわりと長くレギュラーになっていますが、それも完全に固定したものではなく、その都度少しずつ入れ替わっています。

実はこれも芭蕉が「場」というものを大事にしていたからです。そのとき限りの「場」をどれだけクリエイティブにできるか、メンバーの入れ替えはそのためのものなのです。そういう意味では、芭蕉は指導者としても一流ですが、**人の能力を引き出す「場」を用意するプロデューサー**でもあったのです。

新しいものとの出会い、新しい刺激を求める芭蕉の旅は、単に美しい風光明媚《ふうこうめいび》な場所に行って刺激を受けるというだけのものではなく、その先々で待つ門人たちとの一期一会の句会を楽しむためのものでもありました。

当時は、芭蕉の良さがわかり、彼の句会に出たくて出たくてたまらないファンが全国各地にいたのです。

旅先で句会を開き、その土地の門人たちと「一座の興」で盛り上がると、さすが芭蕉先生だ、先生のつくる句は軽みがあって、しかもわび、さびがある、ということでまた新たな芭蕉ファン（門人）が加わっていくわけです。つまり芭蕉にとって旅は、自分の創作活動と門人の獲得と、まさに一石二鳥のものだったのです。

一座の興を盛り上げるために、芭蕉が大切にしたのが「即興」です。

先ほど発句ができずに去来が芭蕉に叱られたという話をしましたが、そのとき芭蕉が去来を激しく叱ったのは、実は時間があったのに準備をしていなかったからではありませんでした。日頃から工夫をしておき、当日座についたら、「気先（気勢）を以て吐くべし」と叱ったというのですから、即座に発想が生まれなかったことを叱ったのです。

その場でアイデアを出すことの重要性という意味では、これはわたしたちにも参考になります。最近は、プロジェクト単位で仕事をすることが多くなってきているからです。

必ずしも同じメンバーや部署単位で動くのではなく、ミッションに応じたメンバーが集まって仕事をする。テレビ番組などもそうですが、テレビ局の人や出演者が集まって一つのものをつくり上げる。

その際には、**集まった「場」を素早く盛り上げて、創造性を高める**ことが必要になります。まさに芭蕉の持っていた「場を運営する力」が求められるのです。

座はパスが許されないアイデア大会のようなものだと言いました。確かにそれは厳しい面もありますが、同時にそれは軽みの修練でもあったので、苦しいだけのものではありませんでした。

事実、芭蕉が書いた手紙に次のような一文が残っています。

此の方、京・大坂之貧乏弟子共かけあつまり、日々宿を喰ひつぶし、大笑ひ致しくらし申し候ふ

京や大坂の貧乏弟子たちが集まって来て、毎日宿を食いつぶし、大笑いして暮らした、というのです。

大勢の弟子と賑やかに大笑いして暮らしているというのですから、芭蕉の人柄が偲《しの》ばれるなんともいい話です。そういう人だったからこそ、人々から慕われ、厳しくも楽しい座で創作活動をみんなが楽しめたのだと思います。

弟子の意見をたくさん取り入れた芭蕉

芭蕉の指導法の一つに、弟子に自分の作品を二つ示し、どちらがいいか尋ねるというのがあります。

あるとき、句集の編集をしていた弟子の去来と凡兆のもとに、病床の芭蕉から手紙が届きました。そこには二つの句があり、このうちの一つを句集に入れるとしたらどちらがいいか、と書かれていました。

病雁《びょうがん》の夜寒《よざむ》に落ちて旅寝《たびね》哉《かな》
海士《あま》の屋は小海老にまじるいとど哉

どちらも芭蕉の句です。

二人は考えた末、去来は病雁の句を、凡兆は小海老の句を推しました。二人からの答えをもらった芭蕉は、「病雁を小海老などと同じごとく論じたり」と言って笑ったと言います。これだけ聞くと、軍配は去来に上がったように見えますが、実際の句集には、二つとも収められています。

実は、芭蕉はこのエピソード以外にも、弟子に「どちらがいいと思う」とよく尋ねていました。そして、聞かれた弟子が「こっちがいいと思います」と答えると、ほとんどの場合、芭蕉は「実はわたしもこっちがいいと思っていたんだ」と答えているのです。

自分の作品の良し悪しを弟子に相談する師匠というのは滅多にいません。これはなかなか新しい関係です。弟子を対等の立場の仲間と見ていたからなのかもしれませんし、実際に迷っていたのかもしれません。

去来と凡兆のこのエピソードでは、二人の意見が分かれたので微妙ですが、他のほとんどのケースでは、弟子が「こっちがいい」と言うと、「わたしもそう思っていた」と答えています。

他にも、弟子たちから「先生のこの言葉の選び方がいいですね」、と言われると、芭蕉はすごく喜んだという話もありますから、弟子たちも自分たちが芭蕉の役に立っている実感があったと思います。

そのへんが指導者としてうまいところです。

この芭蕉のやり方に倣《なら》って、**上司が部下に相談してみるといい**のではないかと思います。上司から相談されれば、自分は頼りにされていると自信が付くので部下にやる気が出ます。

たとえば、A・Bどちらを選んでもいいようなケースがあったとき、部下にどちらがいいか聞き、部下が「Aがいいと思います」と言ったら「それじゃあAでやってみるよ」と言えば、部下たちはより一層盛り上がるはずです。この方法は、チームの人間関係をいい形でつくるのにも役立ちます。

弟子たちに判断させ任せるということを、芭蕉は度々行なっています。

・芭蕉の晩年、大坂の料亭「浮瀬亭《うかぶせてい》」で十人の連句会が行なわれたときも、芭蕉は弟子たちに二つの句を示し、どちらかいいほうを発句に使うよう言っています。

人声や此の道帰る秋の暮
此の道や行く人なしに秋の暮

すると、そばにいた門人の支考《しこう》が「此の道や行く人なしに秋の暮」のほうがいいと言うと、芭蕉は「自分もそう思う」と言ってこの句に「所思」と題をつけています。

この**「聞く態度」**は、わたしたちも見習うべきものです。

いまの企業や仕事において上司は聞く力が大事だと言われています。人の上に立つ人にはリーダーシップが必要ですが、あまりにワンマンだと、チームワークは育たなくなります。

部下が上司に自分の意見を素直に言えるような場をつくり出すことも、上司の指導力の一つと言えるのです。

芭蕉の名句は、目と耳のつけどころが違う

芭蕉の俳句は何が優れているのかというと、目のつけどころと、耳のつけどころがいいのです。

普通の人は見たものを詠むのですが、芭蕉の場合は聞こえたものや、その場にいて体全体で感じたものを表現しているので、具体的でありながらより深い作品に仕上がっています。

古池や蛙飛びこむ水の音

芭蕉は耳に聞こえる音、聴覚を大事にする人です。「閑さや岩にしみ入る蟬の声」とい

う句もそうですが、この句も音に焦点が合っています。

実はこの句、最初は「古池や蛙飛ンだる水の音」というものだったと言われているのです。「飛ンだる」だと確かに勢いはいいのですが、情景を絵にすると、勢いよく蛙が飛んでいる姿が思い浮かびます。

それに対し「蛙飛びこむ水の音」だと、蛙はもう水の中に飛びこんでいるので姿は見えません。見えるのは水面に広がる波紋だけです。

つまり、蛙に重きを置いてしまうのが「飛ンだる」で、カエルが飛びこんだときの「水の音」に重きを置いたのが「飛びこむ」なのです。

二つの句の違いを絵で表したらと言いましたが、実はなんと芭蕉自身が、この句を描いたものが残っているのです。そして、その絵を見ると、やはりあるのは波紋だけで、蛙の姿はどこにも描かれていません。

他にもこの句は、昔は「古池や」ではなくて「山吹や」だったとも言われています。でも、「山吹や」だとしっくりきません。やはり水の音なのですから古池のほうが素直でいいと言えるでしょう。

このように、実は芭蕉は最初につくった句を何度も吟味しているのです。明治の文豪・幸田露伴《こうだろはん》などは、俳句の言葉というのは、舌で何度も転がして吟味してつくるものだ、というようなことを言っています。

『おくのほそ道』の句は、旅先で詠んだものそのままとは限りません。後から手直ししたものもあれば、そもそも旅の後でつくられたものもかなりあるのです。実際、旅立ちのときの句は、本としてまとめるときに新たにつくられたものだそうです。

そういう意味では『おくのほそ道』は一つの創作と言えます。

確かに芭蕉自身がその場所を辿《たど》ってはいるのですが、芭蕉自身がというのではなく、別の「わたし」のようなものを設定し、それが辿った文学的な紀行にしているのです。そうした創作態度も新しいところなのです。

時代に合う新しい感覚を取り入れる

先日、ついに「ら抜き言葉」が普通の言葉を使う人の数を追い越したというニュースをやっていました。「食べられる」よりも「食べれる」のほうが、「見られる」より「見れる」のほうが、使う人が多くなったということです。

そのニュースを受けて、わたしのところにもいくつか取材が来ました。日本語の専門家としてら抜き言葉をどう思うか、というのです。

いま、若い人では七〇～八〇％の人が抜き言葉を使っていると答えています。これは確かに言語の乱れとも言えますが、意味がわかっていて、しかも短いのであれば、そちらのほうが言葉として合理的だと言えます。言葉における経済合理性からいうと、「食べられる」よりも「食べれる」のほうが優れているということです。

さらに、「食べれる」には可能の意味しかありませんが、「食べられる」は可能の意味の他に、受け身の意味で使われることもあれば、尊敬のニュアンスで使われることもあります。そういう点からも、可能の意味の場合は「食べれる」にしてしまったほうが区別はつけやすいのではないか、とも思います。

言語というのは生き物なので、使い方を含めて生き物の中で新陳代謝されていく運命にあります。これは良い悪いの問題ではありません。

たとえば、「キョドる」という言葉があります。これは挙動不審を意味する若者の言葉です。他にも否定に使われる「ディスる」という言葉もあります。これはディスリスペクト（disrespect）の略から派生した言葉ですが、そもそも接頭辞のディス（dis-）が否定語なので、「ディスる」はダイレクトに否定のイメージが伝わる言葉です。毎年こうした新しい言葉がどんどん生まれてくるというのが、言葉の面白さです。

いまの時代に生きているのだから、いまの感覚が大事なんだ、という思いはまさに芭蕉にも通じる感覚です。

幸田露伴は、芭蕉は西行《さいぎょう》（平安から鎌倉にかけての歌人／一一一八～一一九〇）が大好きだったと指摘していますが、西行という人は新しい言葉を進んで使う人だったので、そういうところが常に新しいものを求める芭蕉の感性に合ったのかもしれません。

その時代の生きた言葉を用いる。言葉をよき言語として成り立たせるようにすることが優れた詩人の力なのだと思います。

そう思うと、現代の言葉を使った短歌でベストセラーとなった俵万智《たわらまち》さんの『サラダ記念日』（河出書房新社）は、まさに詩人の仕事だったと言えるのかもしれません。

「この味がいいね」と君が言ったから七月六日はサラダ記念日

この本が出たのは一九八七年ですが、当時大きなインパクトを持って受けとられたことは、歌集として異例の二八〇万部のベストセラーとなったことが証明しています。多くの人が「〇〇記念日」のところを真似して自分で短歌をつくりました。

芭蕉も、もしいまの時代に生きたら、いまの時代の感性で俳句をつくったのだと思います。

しかし、新しい言葉を使えばそれでいいのかというと、それだけでは芭蕉が目指した不易流行にはなりません。新しい言葉が時とともにすぐに古くさいものになってしまうのも言葉の宿命だからです。

新しいだけの言葉はあくまでも「流行」であって、「不易」の部分が欠けています。新しい言葉だったものが、人々に使われ、浸透し、生き残ったものだけが不易流行になります。

たとえば、いまでは当たり前に使われている「新しい」という言葉、これは元々あった「新た（あらた）」という言葉をちょっとしたシャレでひっくり返したものでした。「あらたしい」を「あたらしい」とひっくり返したということです。それが、いつのまにか「あたらしい」のほうがメジャーになってしまった、というわけです。

若者言葉やネット用語のように自然発生的に生まれる言葉もありますが、誰かが意図的につくった言葉が浸透し、言語として広く認知されるようになるということもあります。

たとえば「無印良品」。これはもともと「ノーブランドグッズ（no brand goods）」という英語を語呂良く和訳し、自分たちのビジネスポリシーを表す言葉として使用したものですが、この四文字だけで、自分たちが扱っているのはブランド品ではないけれど、良い品ですということが伝わるとても優れた言葉で、これ自体が逆にブランドとして認知されています。

いまの時代のビジネスでは、こうした新しい言葉でブランドをつくるということが重要になってきています。

芭蕉は、新しいものだけを追いかけたと言っていますが、そのわりには、彼の句はいつまでも古びない新しさを持っています。これは、単に流行という意味での新しさを求めるのではなく、目のつけどころの新鮮さを追いつづけたためだと思います。

来た球を打つようにアイデアを出していく

目のつけどころの新鮮さを保つために、来た球を打つ、というかたちで仕事をすることで、成功させている人もいます。

たとえば、『死刑台のエレベーター』（一九五八年制作）というフランス映画がありますが、この音楽を担当したマイルス・デイヴィスは、なんと、ラッシュ（未編集の映像）を見ながら、その場でトランペットを吹き、それを録音したものがそのまま映画音楽として使われたといいます。

それはとても素晴らしい楽曲なのですが、マイルス・デイヴィスはその映像を見るまで、そのメロディを思いついてもいないわけです。映像を見たその場で、その瞬間の感動を刺激として初めて出たメロディなのです。

そう考えると、**創造には、来た球は何とか打ってみるという心意気を持つことも大切だ**と言えます。これは、順番が回ってきたらその場で前の人の句を受けて付けるという連句の世界と同じです。

連句の会は遊びの場ですが、仕事でアイデアを出すのもそうした遊びのような感覚で挑むことも大切なのです。

これを成功させるコツは、議論ではなくアイデア大会にしてしまうことです。

たとえば、社内で残業の多さが問題になっていたときに、その問題点ばかりに着目して議論を始めてしまうと、場は暗くなります。

でも、残業を減らすアイデアを楽しんで考えてみよう、と言って、アイデア大会にしてしまうと、場の空気がすごく明るくなるのです。

これは、アイデア出しが一つの祭り的なゲームになるからです。

実際、新しい時代の空気を持った創造力のある企業は、もちろん真面目に仕事をしているのですが、どこか半分遊んでいるような空気が社内に満ちています。

たとえば、ソニーが強かった頃は、社員の多くが本業以外の「遊びの開発」をしていたといいます。「遊び」というのは、余裕のことでもあります。アイデアは余裕があるほうが出やすいので、本業の他に遊びを持つということが、結果的に本業のほうでもいいアイデアが出る土壌につながっていたのです。

アイデアの出し合いをするとき、一般論ばかり言う人やダメ出しばかりする人は戦力になりません。でも、アイデアが出ない人ほど一般論を言いがちです。必要なのは、みんなが「自分事」として考えた具体性のあるアイデアを出しやすい「場をつくる」ことです。

芭蕉はこうしたアイデア大会の場をつくるのが非常に上手かったのだと思います。まず、黙っている人をつくらないための「パス禁止」というシステム。そして、その瞬間の勢い（気勢）を大事に吐き出すように思いきって言いなさいという指導。そして、出てきたアイデアをより良くするためのアドバイスをしてあげる。

創造性というものを、このようにチーム作品としてとらえてみようというのが、芭蕉から学べることの一つです。

即興性で出したアイデアは必ず練り上げる

会議はアイデア大会なので、「一座の興」を盛り上げるためにも即興性が大切です。

でも、仕事の場合は、その場の勢いだけではダメなものも数多くあります。そのとき参考にしたいのが、句集を編集するときの芭蕉です。

先ほど『おくのほそ道』は、手直しが多く加えられた創作だという話をしました。

連句の会で芭蕉が最も大切にしたのは一座の興ですが、それは同時に書きとめたら反故《ほご》にしてしまっていいものだとも言っています。

そして、句集として残すものは、徹底的に考え、手を加え、練り上げています。

即興的なものと、練り上げる作業、この二つをそのときに応じて使い分けているところが芭蕉の優れた点です。

仕事もチームで作業しているときは、レスポンスが早いほうが盛り上がります。

わたしは『にほんごであそぼ』という番組にもう一五年以上携わっていますが、企画会議ではいつも、みんながすごい数のアイデアをそれこそ速射砲のような勢いでバンバン出すのです。でも、実際に採用される企画はそんなに多くありません。

会議のあと、それぞれ課題を持ち帰って、熟考したうえで決めるからです。

アイデア出しは勢いが大切なので、興が乗れば会議室の外でもアイデア大会になることもあります。

あるとき、会議のあとの飲み会でもまだアイデア出しが止まらないことがありました。

それは、KONISHIKIさんの後任のセンターをどうするか、という会議が行なわれた日のことです。

もうお酒が入っていましたから、勢いで「美輪明宏《みわあきひろ》さんがいいんじゃない」とわたしが言ったら、あとからプロデューサーから電話がかかってきて、「先生はあの日、美輪明宏さんがいいと言ってくださいましたよね。ついては美輪さんの家に行って、先生が説得してください」と言われてしまったのです。

しらふで考えれば、美輪さんは大変お忙しい方なので、簡単に話を持って行けないことは明らかでした。そこで、じゃあどうするのか、どのような形ならかかわってもらえるのか練り上げましょうということで考え出したのが、「声だけの出演」でした。

美輪さんの声は印象的なので、幼児にも迫力が伝わるだろうし、お母さんたちには美輪さんのファンも多いので、声だけでも充分引きつけることができると考えたのです。

こうして「声だけでいいので」と、プロデューサーとわたしで美輪さんを口説き落とし、参加していただけることになったのですが、いざ収録を始めてみると、やっぱりちょっと物足りない。そこでお願いして、結果的には美輪さんを「みわサン」という太陽のキャラクターにしました。美輪さんがしゃべる顔を撮影し、それをコンピューターグラフィクスで太陽に入れ込むという手法を採用したのです。

結果的に予想もつかない形に落ち着いたわけですが、これも勢いで出たアイデアを練り上げて実現させた実例です。

このように、アイデアは会議よりもむしろお酒の席のような少し緩んだ環境のほうが出やすいということもあります。

ただし、勢いで出たアイデアは、そのままではなく、芭蕉が自分の句を何度も推敲《すいこう》したように、きちんと練り上げてから実行に移すことが大切だということは憶えておいていただきたいと思います。

新しいものを生み出す刺激を求める旅を重ね、その過程で新しい文学を生み出し、多くの門人を育てた芭蕉の最後の句は、

旅に病んで夢は枯野をかけ廻る

でした。さすが芭蕉、名句です。

自分の身は旅先で病に倒れたけれど夢は自由に枯れ野をかけ廻る。病という重い状況の中にも軽々とした勢いと深い情感があります。

最期まで芭蕉は、「軽くて深い」インスピレーションの人だったのです。

［第四章］

価値観そのものを創り出す

——千利休

新しい美の価値観をつくった利休

世の中で成功する人にはいろいろなタイプがありますが、一般的なのは、すでにある競争分野を勝ち抜いてトップに立つというものでしょう。しかし、同じ成功者でも千利休（一五二二〜一五九一）はレベルが違います。

なぜなら、利休は**新しい価値観を自ら創造し、成功者となった**人だからです。あえて簡単に言えば、利休による「美のルール」に則《のっと》った「茶の湯」という文化を確立し、日本に広めたのです。

利休は何を美しいとするのかということを自分でつくり出しただけでなく、人々にその美意識を認めさせ、世の中に、その新しい美の基準に沿うものをもっとつくり出そうとか、古いものももう一度新たな美意識で見直してみようという動きを起こしました。つまり、「美の価値観の再編成」を行なったのです。

『千利休の功罪』（木村宗慎監修／ペンブックス）では、利休を「一個人の価値観や美意識で世の中に対峙し、政治や経済に多大なる影響を与えた。文化芸術のところでたった一人で世の美意識を支配するほどのパワーを持った、日本の歴史上、稀有《けう》な存在であった」としています。

個人の美意識を世の中の美意識に変えた人は、歴史上何人もいません。利休はその中でもトップクラスのパワフルな存在と言えるでしょう。

千利休は、わび茶の完成者として知られる、戦国から安土桃山時代にかけての茶人です。

堺《さかい》の商人の家に生まれた彼は、一七歳のときに北向道陳《きたむきどうちん》（一五〇四〜一五六二）に茶を学び、一九歳のときに道陳の紹介で武野紹鷗《たけのじょうおう》（一五〇二〜一五五五）に師事し、わび茶を学んだことで師とともに茶の湯の改革に取り組むようになります。

それでも生家の商売を継ぎ、一介の茶人として生きていた利休が歴史の表舞台に立つことはありませんでした。彼が世に出るのは、なんと五二歳になってからです。人生五十年と言われた時代ですから、随分と遅いデビューです。

きっかけは堺を手に入れた織田信長《おだのぶなが》が、利休を自らの茶頭《さどう》としたことでした。茶頭というのは、茶の湯の指導をする立場のことです。

利休が世の中の美意識を自分の美意識で塗り替えることができたのは、彼が最初に自分の美意識を浸透させた相手が織田信長や豊臣秀吉《とよとみひでよし》という権力者だったことが大きく影響しています。権力者の周りには常に大勢の大名が付き従っていますから、一気に広く浸透していったのです。

利休は茶の湯を指導しながら、何を美とするのか、「わび（侘び）」とはどのようなものかということを具体的に示しました。

本書で紹介してきた他の巨人たちもそうでしたが、創造には具体的な発想が重要なのです。利休の場合も、たとえば、「わびとは何でしょうか」と尋ねられたとき、「それは渋味じゃ」と哲学的な言い回しで相手を煙《けむ》に巻くようなことをしていたのでは世の中を変えることはできなかったでしょう。

創造力の行使には、論より証拠という態度が必要なのです。

利休は、具体的なものによって新たな価値観を創出しました。これこそが本当のクリエイティブであり、利休の発想力なのです。

「わび」という美意識を「物」で具体化する

では、利休はどのようにしてわび茶というものを具体的に示したのでしょう。

答えは一言で言うと「物」です。

利休は昔から良いとされる「物」を勉強して、ものの良し悪しを判断する鑑識眼を養いました。いわゆる「目利き」というやつです。茶道具の良い物は特に「名物」と言いますが、利休の目利きによって、大名物は城と同じぐらいの価値があるというところにまで高められていきます。

審美眼を養うに当たり、利休は当時素晴らしいと言われていた昔の茶道を自分の目で見て、なぜこれが素晴らしいと評価されているのかということを自分なりに研究しました。つまり、まったく何もないところから自分の新しい美意識を創造したのではなく、素晴らしいと言われるものを見ることで、美しさの本質を見極めたのです。

利休が完成させたわび茶の「わび」という概念も、元々は彼の師、武野紹鷗のさらに師である村田珠光《むらたじゅこう》（一四二二または一四二三～一五〇二）が提唱したものです。

利休は、村田珠光から武野紹鷗へと受け継がれた伝統を大切にしながら、自らが見極めた「本質」を「わび」という概念と一致させていったのです。

たとえば、名物と言われる茶碗には、ちょっと歪《ゆが》んだ完全ではないものがあります。なぜ歪んだ茶碗が名物なのかというと、それは「わび」があるからだと利休は言います。

完全無欠な物はわびに欠けている。

たとえば、いまわたしたちが使っているコーヒーカップやお皿は、五枚セットだったら五枚全部が、区別のつかないほど同じです。それはきれいであったとしてもわびではありません。

もし、このお皿がこの世にたった一枚しかなかったとしても、利休が名物にすることはないでしょう。いくらでも数があるということだけではなく、あのお皿はきれいに整ってしまっているからです。

全部整ってしまっているのは面白くない。どこかに歪みとか、何かしらの不完全なところがあるからこそ「わびている」からです。

ですから茶釜《ちゃがま》などでは、使いやすすぎるのも良くないのです。釜の口が広すぎ、これがもう少し狭ければ完全なのに、と思わせるものがいいと言います。

このように利休は、茶道具という具体的な物を使って「わび」という概念を人々に浸透させていったのです。

でも、こうした美意識は、利休以前はまったく存在しなかったのかというと、必ずしもそうではありません。


望月の隈なきを千里の外まで眺めたるよりも、暁《あかつき》近くなりて待ち出でたるが、いと心深う青みたるやうにて、深き山の杉の梢《こずえ》に見えたる、木の間の影、うちしぐれたるむら雲隠れのほど、またなくあはれなり。

（『徒然草《つれづれぐさ》』）

これは『徒然草』一三七段の一節ですが、月は満月よりも雲がかかっているほうが面白いと書いています。

「花は盛りに、月は隈《くま》なきをのみ、見るものかは」という有名な一文は、「桜の花は盛りの様子だけを月は曇りのないものだけを見るものであろうか、いや、そうではない」という意味です。

完全なものがいいわけではない。少し欠けていて、これがもうちょっとこうなっていればいいのに……という気持ちの晴れなさ、そうした気持ちの引っ掛かるところがいいところであり、それこそが「わび」なんだと利休は言うのです。

ですから、利休の美意識は、日本人が何となく持っていた価値観に「わび」という概念を結びつけ、それを具体的な物を使ってわかりやすくしたともいえるのです。

もちろん、歪みや欠けがあればなんでもいいというわけではありません。大前提として「良いもの」であることは必要なのですが、良いものなのに不完全さを持っていたほうが、その欠けが個性になり、長く愛しつづけることができるものになるということです。

こうした利休の美意識を伝える逸話があります。

ある人が日本国の名物についていろいろと蘊蓄《うんちく》を話していました。それを聞いて喜んでいる人に利休は、昔の名人が愛でて名物になった道具を、あのような者が良し悪しを判定できるはずがない、それに感心するようではお前も同じ愚か者だと厳しく言います。

天下で最上の茄子《なす》（茶入）は『作物《つくも》』、『小茄子』『松本茄子』『富士茄子』の、この四つである。そのうち一番大きいのは作物である。ただし、口は一番狭い。また、一番小さいものは小茄子である。口は一段と広い。だが、狭いほうがよいとは思わない。どれもみごとなものである。また、作物の口は狭くても非常にすばらしい。狭いことでよいとか悪いとかを決めるのではない。広いことも、大小も、とにかくその物の全体の様子次第である。たとえば、美人というものは、口が大きいか小さいかという大小や、鼻や目の様子によって美人と判断するのか。顔のつくりに大小があっても、その人に合って釣り合いが取れていれば美人というではないか。諸道具もそうであると心得なさい。

（『利休の逸話』筒井紘一《つついひろいち》／淡交社／三二〜三三ページ）

このように具体的に説明したうえで、利休は自分の美意識を相手に伝えます。

茶入は釉薬《ゆうやく》がすばらしく、土もすばらしいものにはお茶は入れない。何でもいいので、悪いところが一つはないと使えない。それゆえ、『投頭巾《なげずきん》』は三国一の道具ではあるが、その土は荒く散々である。全体の様子は非常にすばらしいが、土が悪いということで、無類のすばらしさになるのである。

（『利休の逸話』筒井紘一／淡交社／三二～三三ページ）

名物はなぜ名物なのか。ここまで具体的に解説されたら反論できません。

利休は自分の価値観を広めましたが、過去の名人たちが素晴らしいと愛してきた価値観を否定したわけではありません。彼らの価値観を尊重したうえで、自らの価値観を構築しています。

むしろ、利休はその本質を見極めたからこそ、誰もが手に取れる具体的な「物」として、その価値を人々に提示することができたのです。

天下人秀吉と利休の関係

利休の「わび」は、不完全さだけで説明できるものではありません。

わびの基本を、利休は「きれいな茶巾《ちゃきん》」だと言っています。

ある田舎の茶人が、利休に一両の金を送り「何でもいいので、自分に合ったわび道具を買って送ってください」と言ったことがありました。それに対し利休が送ったのは、一両分の白布でした。その白布には次のように書かれた手紙が添えられていました。

侘びというものは、何はなくとも茶巾さえきれいにしておればよい

この逸話が伝えているのは、わびというのは質素である、ということです。とはいえ、「質素＝わび」だということではないでしょう。質素の中に美を見つけること、それこそがわびの基本なのだと思います。

しかし、当時利休が付き合っていた人たちは、権力者ばかりです。織田信長にせよ、豊臣秀吉にせよ、大名たちにせよ、みな大変なハイクラスの人たちです。彼らはなぜ華美ではなく、質素こそわびだという美意識を受け入れたのでしょう。

おそらく、彼らには権力の大きさや持っている財の多さとは別の価値観が欲しいという感覚があったのではないでしょうか。なぜなら、華美を競えば、勝つのは最も金と権力を持っている秀吉に決まっているからです。

秀吉というのは面白い人で、わび茶の世界をものすごく理解しているにもかかわらず、金の茶室をつくってしまうような世俗の価値観丸出しのところも持っています。

金の茶室など下品だと思うかもしれませんが、実は、これはこれで利休も認めざるを得ない代物だったのです。なぜなら、そんなことをやった人はいまだかつて一人もいないからです。お茶を飲む茶室を黄金でつくってしまう破天荒さ。しかもそれが組み立て式でどこにでも持ち運びできるなんて誰も思いつきません。

それに、もしも利休と秀吉の二人から茶会に招待されたら、利休のわびた茶室と秀吉の黄金の茶室、どちらへ行ってみたいと思いますか？　わびがわかるという人でも、秀吉のほうを選ぶ方は結構いるのではないかと思います。

事実、作家の赤瀬川原平《あかせがわげんぺい》氏は、『千利休　無言の前衛』（岩波新書）という本の中で、もちろん自分は利休ファンだが、秀吉の茶室のほうに行ってみたいと言っています。

そして秀吉は、こうした人の心を掴む「金の魔力」というものを充分に知ったうえで金の茶室をつくったのです。

秀吉が大変なセンスと教養を兼ね備えていたことは、利休とわびの世界で渡り合っていたことからもわかります。秀吉は決して利休の「わび」を理解できなかったわけではありません。充分理解していたのですが、どうしても気に入らなかったのです。

たとえば、利休は黒い楽茶碗を愛しましたが、秀吉はその黒楽茶碗を毛嫌いしています。このように二人の価値観の相違は面白いのですが、二人が相当高いレベルでお互いを認め合っていたこともまた事実でした。

秀吉という人はとても頭のいい人だったのでしょう。茶道の吸収も早く、利休に対しても、いろいろむちゃ振りをしたり、彼をテストするようなことを何度もしています。

たとえば、ある年の春のこと、秀吉が大きな古い銅の鉢に水を入れ、床の間に置かせると、そばに紅梅を一枝置き、利休に「この鉢に梅を活けてみよ」と言いました。

梅の一枝では、普通は活けようがありません。ただ鉢に突っ込むしかないように思います。では、この秀吉のむちゃ振りに利休はどう応えたのでしょう。

利休は平然として、紅梅の枝を逆手に取ると、片手で水鉢にさらりとしごき入れた。すると、紅梅の花とつぼみが入りまじって水面に浮かび、それはえもいわれぬ風情であった。

（『利休の逸話』筒井紘一／淡交社／一四七ページ）

さすが利休です。

二人は、余人には真似できないこうしたハイレベルなやり取りを何度もしているのです。

利休と秀吉の間には、その後、いろいろな紆余曲折《うよきょくせつ》があり、最後には秀吉の命によって利休が切腹するという事態に至ります。利休は武士ではないのですが、その切腹は腹を十文字に切るという壮絶なものでした。

人生七十《しちじゅう》　力囲希咄《りきいきとつ》
吾《わ》が這《こ》の宝剣　祖仏共に殺す
提《ひっさ》ぐる我が得具足《えぐそく》の一つ太刀　今この時ぞ天になげうつ

（我が人生七十年、喝！　吾がこの宝剣で、我、そして祖仏ともに殺していっさいを放下《ほうげ》し、無にしてしまおう）

『利休の逸話』（筒井紘一／淡交社／二八四ページ）

この豪快な歌は、利休の辞世です。

彼は、自分の美意識を追究しつづけた結果、力を持ちすぎて殺されることになってしまいました。このように、自らの美意識に殉《じゅん》じた人というのは、日本では千利休だけだとされています。

利休を死に追い込んだ秀吉ですが、利休の死後しばらく経ったとき、「利休がいないと不便だ」と言い、彼の後継者を認め、遠回しに利休の名誉回復を認めています。

利休がいないと不便だ、という言葉からもわかるように、何か工夫を凝らそうと思ったとき、秀吉も相当なアイデアマンでしたが、やはり美意識のジャンルでは、秀吉より利休のほうが発想力が上だったのではないでしょうか。

後からそんなことを言うぐらいなら、あそこまで追い込まなければよさそうなものですが、そうせざるを得なかった特殊な関係が二人の間にはあったのだと思います。

作為がありすぎてはいけない

利休は、常に新しい工夫を凝らし、意外性によって人を喜ばせる名人でした。しかし、同時に**「作為が出すぎるとわびていない」**として、これみよがしなものを嫌いました。このあたりは、世阿弥と共通するところがあります。

それまでと同じことをやっていてはダメだが、かといって、いかにも新しいことをしましたという作為を出してしまうのもよくないと否定するのですから、ではどうすればいいんだ？　と多くの人は感じるでしょう。

しかし、利休はこういう矛盾を、いつも発想力で超克《ちょうこく》してきた人でした。

利休が目指したのは、作為の見えない作為でした。

たとえば、茶室には花を活けるのですが、花は野にある花のように活けるのがいいというのが茶の湯における考えです。西洋の花束やアレンジメントなどはいかにも作られたものなので、そういうものを茶室に置いておくと違和感があります。

わたしも講演会の終わりなどにステージ上で花束をいただくことがあります。ものすごく華やかで、きれいでいいのですが、あれは茶室に飾っても似合いません。わびていないからです。

わたしたちが西洋式の花束を茶室に飾ることに違和感を持つのは、利休の価値観がわたしたちの価値観になっているからです。別にお茶を習って、利休の教えをちゃんと学んだわけではなくても、彼の価値観や美意識が世の中に広まったことで、すでに日本人の共通感覚になっているのです。

西洋風の花束は、その花がたとえ日本に自生する花であっても、茶室では違和感を持ちます。何がおかしいのか言葉にできなくても、とにかくおかしいと感じる。

では、何がおかしいのかと改めて考えてみると、花束というのは作為の美しさであるからです。生け花はそれよりは自然に近いけれども、茶室においてはさらに、野にある花をそのまま切り出してきた感じを出して「わび」であるとします。
それは、茶室が市中にあったとしても、山の中のような気分を楽しんでもらうための工夫でした。
茶室の中だけでなく、利休は茶室に向かう露地にもこうした工夫を施していました。

「だいたい露地の掃除は、朝の客であれば前の晩に、昼の客ならば朝にするものです。それ以後は、たとえ落ち葉がつもっていても、そのままにして掃かないのが巧者《こうしゃ》というものです」とおっしゃった。

(『利休の逸話』筒井紘一／淡交社／三七ページ)

なぜ、落ち葉を掃かないのがいいのか。それは、そのほうが自然の状態に近くなるからです。
いくら自然の状態がいいと言っても、本当に何も掃かないと歩きづらくなってしまいます。かといって直前にきれいにしてしまうと風情がない。そこで、朝の茶会なら前の晩に掃除をするぐらいが丁度いいというのです。

人は茶室に入ると、ふっと憩《いこ》います。たとえそれが市中にあったとしても、茶室に入ると急に山の中とか河原でお茶を飲んでいるような気分になるからなのです。

こうしたことから、利休は、わび茶本来の姿は「市中の山居」であると言っています。

野点《のだて》という、本当に野山で点《た》てるお茶もありますが、これはこれでしつらえがとても難しいと言います。なぜなら、今度は野山でありながら茶室の雰囲気を出さねばならないからです。これができないと、ただの野っぱらになってしまうので、野点は普通の人間にできる技ではないと利休は言っています。

「茶の湯」は何を芸術にしたのか

茶の湯は、単にお茶を飲むだけのものではありません。

お客さんを招き入れて、食事をしたりお茶を飲んだりして語り合い、気持ちよく帰ってもらう、そのすべてが茶の湯なのです。そして、そのすべてを気持ちよく過ごしてもらうための一連のプロセスを芸術にまで高めたのが茶道です。

日常生活の中で人が訪ねてきて、ごちそうしたり、お茶を飲んだりして帰るというのはよくあることです。茶道は、その日常でもよくあることを芸術にまで高めたというところが、利休の創造力のすさまじいところです。

普通、絵画や音楽など芸術というのは、普通の人にはできないような圧倒的な技術を身につけることで表現されるものです。しかし、お茶を飲んだり、もてなしをしたりすることの、どこにそんな違いを生み出せるでしょうか。

利休は、そうした誰もが日常的に行なっている「もてなし」に、統一した価値観を持ち込みました。そのもてなし方は違うとか、そもそもこの露地はわびていない、ということを言い、芸術に高めたのです。

わたしたちは普段、人をもてなすということを特別な美意識を持って行なっているわけではありません。ざっくばらんに、「おいしいものがあるから来て」、「いいもの買ったから見せるよ」、「この器いいでしょう」といった具合に気軽にもてなしています。

相手にリラックスしてもらうことは大切ですが、完全に気楽だと相手をもてなしたことにはなりません。それでは充分でないというのが「お茶」の考え方です。

茶道自体は利休が創始したものではないので、利休も先人からいろいろな作法を受け継いでいます。しかし、利休はそれだけで満足せず、そこに彼自身が工夫した、新しい作法を取り入れていきました。

相手をもてなすには、**やり方にある種の決まりが必要だが、かといって、全部ルールで**

決まっていたのでは面白くない。そこには何かしら自分の工夫も必要だということです。

しかも、その工夫は毎回違わなければならないといいます。

そのため、利休がやったことを他の人が真似すると、それではダメだと言い、「作法がないのが茶の湯である」と諭《さと》すのです。

全部作法通りというのは堅苦しくてよくない。かといって、奇をてらった作為もダメだし、何もしないのもダメ。無理難題のようですが、利休はその発想力でもって周囲の人を納得させていきます。

利休の発想については、いろいろな逸話があるのですが、最も有名なのは、やはり「朝顔の茶会」の話でしょう。

あるとき、利休の庭に朝顔が見事に咲いているという話を聞き、秀吉が見にいくことになりました。天下人である秀吉がわざわざ来るというのですから、大変なことです。

ここで普通の人であれば、咲き誇る朝顔をどうしたらきれいに見せられるかを考えるでしょう。庭を徹底的に掃除したりするかもしれません。

ところが、利休の発想は常識を超えていました。

いざ秀吉が利休の庭に行くと、なんとそこには朝顔が一輪も見当たらないのです。すっかり興ざめした秀吉が小座敷に入ると、そこに「色も鮮やかな朝顔の一輪だけが床の間に活けてあった」のです。秀吉はこの朝顔を見て上機嫌になり、利休はたいそうな褒美を賜《たまわ》りました。

つまり、利休の工夫は、この一輪のために、庭に咲いていた朝顔の花を全部取ってしまうことだったのです。

あまりにも極端なこの方法は、いくら見事でも二度と使えません。他の人が同じことをしたら、利休の真似だということで興ざめしてしまいますし、利休本人がやってもまたか、となってしまう。**工夫は、一回一回、そのときのためだけのものを思いつかなければなりません。**

実際、その場での機転を利かせることを、利休は他の人にも要求しました。

非常に難しいところではありますが、いまの時代においても、創造性を発揮するには、こうした難しい要求に応えていかなければならないのだと思います。

発想とは面白さの発見である

利休は、さまざまな新しいことを試し、それをスタンダードにしていきました。

たとえば、いまは露地に砂利が敷いてあることが多いですが、初めてそうしたのは利休でした。

利休がたまたま山の中の道で雨に遭った。気がつくと、所々の土が押し流されて砂利が出ている。それを見ておもしろく思い、はじめて露地に砂利を置かれたのである。

（『利休の逸話』筒井紘一／淡交社／五〇ページ）

いま露地に砂利を敷くのは当たり前の光景ですが、それを面白いと思い、取り入れたのは利休だったのです。

わたしたちは砂利というと、土よりも歩きやすいとか、舗装のような意味合いで考えてしまいますが、元々は利休が、たまたま山の中で雨で土が押し流され砂利が出ているのを見て「面白い」と思ったところから来ているものなのです。

自然の風景を見ながら、常にその面白さを発見する観察眼と、それをお茶の世界に応用する高い発想力を持っていたことがわかるエピソードです。

茶室特有の狭い入り口を「にじり口」と言いますが、これも利休の工夫が様式化したものの一つです。

大坂の枚方《ひらかた》の船着き場の船は、くぐって中に入るようになった入り口である。利休はこれを見て、「侘びた風情でおもしろい」と言って、茶席の入り口に取り入れたのだった。

（『利休の逸話』筒井紘一／淡交社／六〇〜六一ページ）

にじり口は、理屈としては刀の大小を取り外さないと入りにくいことから、武士であるという権威を捨てて入るとか、一度身を小さく屈《かが》めないと入れないことから、謙虚な心になって茶室に入るためのものだと言われています。

でもそれが元々どこから発想したものなのかというと、大坂の船着き場の船の入り口だというのは驚きです。船の入り口は、確かに水が入りにくいように小さくされています。

利休は商人でもあったので、こうした船を見る機会も多かったのでしょう。

そして、枚方の船着き場でくぐって入らなければならないような特に入り口の小さな船を見て、これは「侘びた風情でおもしろい」と思ったのです。

にじり寄るという言葉がありますが、にじり口という名は、膝で這ってにじり寄っていく感じで中に入っていくことから命名されたものです。そうして日常とは違う形で室内に入ると、そこが特別な空間のような感じがしてきます。

つまり結果的には、一度身を小さくすることで、日常の自分というものを一回消し去るという、最初に言った理屈が成り立つわけですが、利休はそういう理屈からにじり口をしつらえたのではなく、単にこれはわびた風情で面白い、と思ったから取り入れたのです。理屈は後付けだということです。

いまとなっては、最初は船の入り口だったと知っている人は少ないかもしれませんが、その面白さは受け継がれている。これこそが発想の力なのだと思います。

茶室というと、くすんだ色合いをイメージしますが、この「くすんだ色合い」で茶室全体をコーディネートしたのも利休です。

お茶には利休好みの色というのがあります。中でも利休が鼠色を好んだことから、「利休鼠」という色が大変流行りました。他にも茶色や薄浅黄《うすあさぎ》など、利休が好んだのはどれも渋くくすんだ色です。

鼠色は濃度が極まっていくと黒になります。利休が黒楽茶碗を好んだことは有名ですが、黒という色は非常に強い色で、見ていると宇宙のように引き込まれていきます。

かつてファッションデザイナーのココ・シャネル（一八八三〜一九七一）は、一番強い色について、とあるパーティーで、「見てごらんなさい。一番強い色は何色？　黒と白でしょ。他のどんな色も黒と白には勝てないの」と語っています。

シャネルの時代、女性のファッションは『マイ・フェア・レディ』のような、羽飾りのついた大きな帽子と、ウエストをコルセットでキュッと絞った長いスカートで傘を差す、という装いが一般的でした。彼女はそれを全部壊し、女性たちに動きやすくシンプルな服装を広めました。

こうしたファッションの変革は、単に女性の姿を変えただけでなく、女性の生き方、ライフスタイルまで一変させました。何もかもがあまりにも大きく変わったため、彼女は「皆殺しの天使」と言われたほどです。

そういう意味では、生きた時代も場所も違う二人ですが、利休もシャネルも新しい価値観を生み出し、それを世間に浸透させた人と言えます。

価値観が世の中を支配する

利休の存在が物語っているのは、**価値観というものが世の中を支配するんだ**という可能性を示したということです。

戦国時代は力の強い者が支配する時代でした。武士の中でも強い者が土地を支配する。商人はお金の力で多少はそれに対抗できるかもしれませんが、それも一握りです。しかし、そうした武力や金というわかりやすいものとは別に、美意識を軸にして新たな価値で世の中に存在感を示すことができる。それは非常に現代的な考え方です。

利休に「それはちょっと」と言われると大名といえども恥ずかしくなってしまう。「貴《とうと》い人が来る場所ではこのようになさったほうが」と言われるとその通りにするのですが、「これでは型どおりで面白くありませんな」と、そこに創意工夫まで求められます。

すると、身分は上のはずの武士たちが、結局は利休の言うことを聞くようになってしまうのです。

その力の根源は、利休が目利きであることで、利休が美しいと言ったものが本当に価値を持つことになるからです。

こういう人はいまもいると思います。たとえば芸能界には、コンテストで賞を取って華々しくデビューする人がいる一方で、賞は取れなかったけれどマネージャーが目を付けて育ててブレイクする人がいます。

たとえば山口百恵《やまぐちももえ》さんが『スター誕生！』に出たとき、当時わたしも見ていましたが、その頃は後の大スター山口百恵を予想させるような雰囲気はまだはっきりとは持っていませんでした。ですから、彼女が途中から何枚も皮がむけてあんな大スターになっていったのを見て、目をみはりました。

わからないものだと思いましたが、そういうものを見抜いてしまう目利きの人というのがいるのです。

こうした目利きの人はプロ野球の世界にもいます。広島カープはスカウトが上手くて、チームで育てた選手の多くが大成しています。反対に、他のチームで活躍した選手を引き抜いて集めても、意外にチームとしては勝てないこともある。

つまり、目利きとは、その世界における価値を正確に見極められる人のことなのです。だからこそ、目利きは、世の中で非常に大きな力を持つのです。

利休と美意識を共有した古田織部《ふるたおりべ》

「わびとは結局どういうことなんでしょうか？」とよく尋ねられますが、実はこれはペーパーテストで正解がもらえるような一定の答えがあるものではありません。

それは、これまで述べてきたように、利休の考える美意識にしたがって、その場や状況に応じて判断されるものだからです。同じことをやっていても、あるときはわびているし、あるときはわびていないということもあるでしょう。

その場で発想力のテストをされて、すべては利休が判断すると言っても過言ではありません。

そうした厳しい世界で、利休から特に高い合格点をもらったのが、古田織部（一五四三〜一六一五）という大名です。彼は、漫画『へうげもの』（山田芳裕《やまだよしひろ》著）の主人公としても知られている人です。

その古田織部が考案した織部茶碗というものがあるのですが、それは形をわざと歪ませていたり、面白い模様がついていたりする、とても遊び心に富んだものです。

古田織部は大名でありながら、そういう創意工夫を常に自分自身で行なったので、利休に大変気に入られました。

彼もまた**利休に心酔していましたが、利休の茶をただ真似るようなことはしていません。**利休と同じようにすることが茶の道ではないという、利休の教えをきちんと理解していたからです。彼は時に失敗もしますが、非常に研究熱心で、常に自分で工夫しいろいろと面白いことをしています。

あるとき利休が、瀬田《せた》の唐橋《からはし》という橋について「あの橋の欄干《らんかん》に付いている擬宝珠《ぎぼし》には、二つほど形のいいものがありますが、それを見分けられる人はいませんか」と言いました。

よく知っている橋でも、そんなものまで見ている人はまずいません。周りにいた人たちはその場で話しあっていましたが、ふと見ると、さっきまでそこにいたはずの古田織部の姿がありません。

織部は夕方になって戻ってくると、何か用事でもあったのですかと問う利休に答えました。

「いや、特に用事があったわけではありません。昼間のお話に出ました擬宝珠を、試しに見分けてみようと思いまして、早馬を打ち立てて瀬田へ行き、ただいまもどってきたところです」と言って、みごとな二つの擬宝珠とは、東と西にあるあれこれではありませんかと申し出た。利休は、いかにもそのとおりです、とお答えになられた。

（『利休の逸話』筒井紘一／淡交社／二六～二七ページ）

師匠も師匠ですが、確かめに行く弟子も弟子です。

しかし織部は、利休が「これが美しい」と言ったものを、自分も共有したい、利休の美意識と眼力を共有したいと思ったのでしょう。だからこそ、すぐに行動に移したのです。そしてその結果が一致したことで、師と美意識を共有できた感動を喜び合ったのです。

実は先日、わたしもこれと似たような経験をしました。

それは、『かたらふ』というテレビ番組（フジテレビ系列）の収録のときのことです。普段の収録では番組の司会の小堺一機《こさかいかずき》さんとゲストが好きなものについて語り合うという内容なのですが、その日は、わたしと小堺さんが大好きな作詞家の松本隆さんについて語り合う場に、松本さんご本人が参加してくださるという、特別バージョンでした。

そのとき、松田聖子《まつだせいこ》さんの『風立ちぬ』という曲の歌詞の話になったとき、松本さんが、この歌でちょっと工夫したのは「すみれ　ひまわり　フリージア」という歌詞のところだとおっしゃったのです。

「涙顔見せたくなくて」という言葉のあとに、「すみれ　ひまわり　フリージア」と花の名前が三つ入っています。何気なく歌っていますが、よくよく考えてみると不思議です。

まず、なぜ急に花の名前が出てくるのか。しかも、「今は秋」と言っているのに、すみれもひまわりもフリージアも秋の花ではありません。

それを尋ねてみたところ、松本さんはラ行の言葉を入れてみたかったのだと言います。

すみれ、ひまわり、フリージア。確かに三つともラ行の音が入っています。でも、なぜラ行なのでしょう。

歌謡曲というのは、何となく聞いていることも多いので、歌詞に引っ掛かりがないとダメなのだそうです。そこで、いろいろな方法で引っ掛かりをつくるのですが、このときは、ラ行の音で引っ掛けるというテクニックを使ったのだそうです。普通の人には思いつかない高度なテクニックです。

わたしはこの話を聞いたとき、この発想が俳句に似ていると思ったのです。

そこで思い切って松本さんに、「これは俳句のようではありませんか？」と聞いたところ、松本さんが「そうなんです。これは俳句のつもりで書いたんです。わたしは芭蕉が好きなもので」と嬉しそうにおっしゃったのです。

俳句には「目に青葉山ほととぎす初鰹」というように、ものを並べて季節感を出すという手法があります。もちろん芭蕉の作品の中にも「梅若菜《うめわかな》丸子《まりこ》の宿《しゅく》のとろろ汁」のようにものを並べた句があります。

利休と織部のように、とまでは言いませんが、わたしが「俳句的世界では？」と言い、「そうです」と松本さんがおっしゃったときは、わたしも松本さんの美意識を共有できたような気がして本当に嬉しく思いました。

松本隆さんもそうですが、日本ではいまもさまざまなジャンルで新しい価値を生み出している人が大勢います。

なぜ日本人はクリエイティブな民族なのか、という本書の冒頭で掲げた問いの答えの一つに、わたしは日本人が「わび」という美意識を持ったことが挙げられるのではないかと思っています。

わびを愛したことで日本人は、華美なものだけを良しとせず、風情を好むようになりました。

どこの国でも文化を生み出すのはお金を持った人たちです。その人たちが生み出した文化が、下々に降りていき、その国の文化になります。

日本では利休の登場によって、そういう文化を生み出す階級の人たちが、華美ではなく、あえて「わび」という質素な美しさを追求するようになりました。その結果どうなったのかというと、質素であるがゆえに下の階級の人が真似しやすく、文化や美意識というものが、いち早く、すべての階級にあまねく浸透したのです。

このことこそが、日本人が世界で最もクリエイティブな民族になり得た理由の一つではないかと思っています。

日本の美は小さいことであるという発見

お茶の世界には、利休が始めたことが定着し、伝統になったというものがたくさんありますが、その一つに竹の茶杓《ちゃしゃく》があります。

茶杓というのは、お茶を点てるときに、抹茶をすくうためのスプーンのような茶道具です。

きっかけは、とある野点でした。

あるとき、利休は茶籠を持って野外にお出かけになったが、いざ一服飲もうとして、茶杓を忘れてきたことに気づかれた。そこで辺りをさがし、ようやく一本の茶杓を削られたのである。それは、節が元の方にある短い竹を用いてのものであった。

(『利休の逸話』筒井紘一/淡交社/一二二ページ)

利休以前の茶杓も竹ではあったのですが、節のない長い竹が用いられていました。しかし、この利休手作りの茶杓をきっかけに、節を元に寄せるようにして作った茶杓が「野がかり」と呼ばれ好まれるようになったのです。

また、多くの茶人が利休に倣《なら》って自分で茶杓を削るようにもなりました。

こうしたことがいろいろあるのですが、特に利休によって大きく変わったと言われるものに茶室の大きさがあります。

実は利休は、茶室をどんどん狭くしていっているのです。

元々茶室は「方丈《ほうじょう》」と言われ一丈四方、つまり四畳半が標準サイズでした。それを利休は小さくしていき、ついには一畳半の茶室まで作ってしまいます。

茶室は狭いほど面白いとして、縮小に縮小を重ねていくわけですが、これは西洋とは反対の発想です。

華美なものを良しとする西洋では、自分の屋敷や庭園がどれだけ大きいかということを誇りましたが、わびを良しとする日本では、どれだけ小さく凝縮できるかを競いました。もちろんただ狭いだけでは面白くないので、その中が一つの世界、小宇宙になっていることを目指します。

美術家・作家の赤瀬川原平さんは『千利休　無言の前衛』の中で、『利休』という映画のシナリオを頼まれたときに、「縮小のベクトル」というものに注目したと述べておられます。

咲き乱れる朝顔の美しさをたった一輪に絞り込むというその方法に、日本の美意識の極まりを見る思いがするのである。

茶の湯はそういういわば極小の思想運動の実験室であったのだろう。そこで生まれた懐石料理は小さく小さく絞り込まれて、そこで生まれた生花も小さく小さく絞り込まれる。

(『千利休　無言の前衛』赤瀬川原平／岩波新書／六七ページ)

日本人は小さなものが今も好きですが、極小の美というものは、利休のときにそれが極まったのではないか、ということです。

ではなぜ、日本人は極小の美を追究するようになったのでしょう。

赤瀬川さんは、それはヨーロッパと無縁ではないと言っています。

その拡大する波との接触反応によって、みずからに備わった極小の美をはじめて意識していったのだと思う。そのシンボルが千利休であって、面積を一坪にまで究めた待庵《たいあん》の茶室、色彩の無である黒一色にまで究めた黒茶碗などが、その思想的な物件として挙げられる。

（『千利休　無言の前衛』赤瀬川原平／岩波新書／六五ページ）

日本では「舶来もの」という言葉が高級感を持って受け取られますが、その背景にあるのは、日本のものより外国のもののほうが優れているという思いです。古くは唐《とう》（中国）のものがいいとされ、戦国時代になると西洋のものがいいとされました。そうした中で利休は、日本にも唐や西洋に負けないものはあるはずだと考える中で「極小の美」を発見したのではないか、と言うのです。

儲けながら悟るという離れ業

さらに赤瀬川さんは、極小の美を追求することによって得られるものを分析します。

利休は（中略）極くわずかな物、わずかな動き、わずかな文字、わずかな匂い、そう言ったわずかなメディアの中に、より多くのものを格納しようとしたのである。

そもそも自分自身を自然のディテールの一つとして身を潜《ひそ》ませるということは、自分自身が自然の総体として拡大することである。

(『千利休　無言の前衛』赤瀬川原平／岩波新書／六八ページ)

できるだけ小さいものの中に、より多くのものを入れ込むこと。そして自分自身が自然の中に入り込むことで、逆に自分自身が自然と一体化して拡大すると言うのです。

これは、自分を無にすることで自然と一体になり落ち着きを得るという、仏教思想にも通じるものです。事実、利休自身も、わびというのは仏教の無の悟りの道であるとはっきりと言っています。

小座敷での茶の湯の第一は、仏道修行の心を体して茶の修行をきわめ、悟りを開いていくことである。(中略)住居というものは雨がもらないほどでよいし、食事も飢えないほどで十分であると心得ることが仏の教えでもあり、同時に侘び茶本来の意味するところである。

（『利休の逸話』筒井紘一／淡交社／二〇〜二一ページ）

茶の湯は仏教の悟りを開く道と同じだというのです。

仏教の場合、無になるというのは欲を捨てるということです。欲望を捨てるということは、執着をなくすということです。執着がなければ、そもそも後悔も生まれません。大元の「欲」というものさえなくせば、すべての煩わしさがなくなるというのが、ブッダの大発見なわけです。だから仏教では禁欲になるわけですが、利休はそれをお茶を飲みながらやろうというのですからすごい発想です。

しかも、抹茶を飲みながら、主と客が一緒にこれをやるのです。

さらにすごいのは、利休が金儲けを旨とする商人でありながら、その境地を目指すという、ある種の矛盾を抱えながらもそれを実践しているということです。

事実、利休に対し、無の境地とか言っているが自分はお金儲けをしているじゃないか、という批判をする人も当然いました。しかし、いくら美意識を説いても、それを広めることができなければ意味がありません。それを利休は、ビジネスにすることでクリアしたのです。

利休がこれはいいですよと言ったものを売るためには、それをつくる生産者との関係もできていることが望ましい。ものがあれば、どんどん売って、ますます流行をつくり出すことができるようになるからです。

しかし、**利休が売り出しているのは、具体的な物であって物ではない「わびという美意識」**なのです。ここが、利休の類い稀なるビジネスセンスを感じさせるところです。

なんだか少しややこしい話ですが、こうして広まったものが、その後の日本という国の美意識の基本となっているのではないかと思います。実際、茶道の家元と言われる人の見識は、仏教の高僧にも匹敵するものが求められているのです。

以前わたしは、茶の湯の遠州《えんしゅう》茶道宗家一三世の小堀宗実《こぼりそうじつ》家元と対談させていただいたことがあり、そのときお茶が振る舞われることになったので、「遠州流のお茶の作法はどのようなものですか」とお聞きすると、「全然気になさらないで楽しんでいただければいいのです」と言っていただいたことがありました。

お客はそれでいいのですが、流派の当主というのは大変です。

なぜなら、茶道具は言うに及ばず、建築様式から、庭、露地、花、掛け軸に書かれている和歌のことなど、とにかくお茶に関わるすべてのことに対して目利きにならないといけません。つまり、総合的な眼力を持たないといけないのですから、これはものすごい総合芸術です。

実はお茶の味には無頓着?

わたしは静岡県出身なので、お茶のおいしい、まずいはわかります。何しろ静岡はお茶ばかり飲んでいるからです。家はもちろん、学校給食のときに出るのもお茶です。

茶の湯はお茶を飲むことが大前提なので、当然お茶の味にはうるさいのではないかと思うのですが、意外なほど味に関する話は出てきません。

本書でも度々引用させていただいている筒井紘一さんの『利休の逸話』という本には、三二四もの逸話が載っていますが、お茶の味そのものに関わる逸話は一つもありません。

もちろん、お茶のいれ方についてはいろいろとあって、最初はぬるいお茶を出して、二杯目を利休が所望したら、今度は熱いお茶が出て、次にもう一度所望したら、それより少しぬるいのが出てきたとか、濃さに関する記述もあるのですが、あくまで補足的な感じです。

それは、利休が大事にしたのが、お茶そのものというよりも、お茶を一緒に飲むときの「空間」だからではないでしょうか。その空間をいかにして祝祭的なものにするか、すべてはそのためのものなのです。お茶を飲むということ自体は、それを構成する一つの行為にすぎません。

もちろん、もてなすのですから味のいいお茶を準備するのは当たり前でしょう。それを前提としたうえで、それよりも、たとえばお茶室を暖めておく、いつでも湯が沸いているように準備しておくといった心遣いのほうが重要視されていたのだと思います。

振舞はこまめの汁にえびなます亭主給仕をすればすむ也
（『利休の逸話』筒井紘一／淡交社／二四四ページ）

これは、利休が「もてなしの心」を詠んだ狂歌の一つです。

こまめの汁と海老のなますというのは、一汁一菜の質素な食事です。いまは懐石料理というと豪華絢爛《けんらん》なものが出てきますが、利休は茶席の懐石というのは、そうした質素なものでいいと言っています。ただし、給仕は他の人に任せるのではなく、亭主自らがしなさいと言うのです。

この狂歌からは、利休が何を最も大切にしていたのかがよくわかります。

利休が大切にしていたのは、お茶の味でもなければ、懐石料理の味でもありません。亭主の心遣いというものを最も大切にしていたのです。

「茶の湯とは」と弟子に問われて、「これが全てです」と答えた「利休七則」というものがあります。

一、茶は服のよきように（飲む人にとって加減のよいように）
二、炭は湯の沸くように
三、夏は涼しく、冬は暖かに
四、花は野にあるように
五、刻限は早めに
六、降らずとも雨の用意
七、相客に心せよ

弟子が「そんなことくらいなら私でもできます」と言ったところ、利休は「もしこれが完璧にできたら、わたしはあなたの弟子になりましょう」と言ったそうです。「当たり前のことを完璧に」というのは難しいことです。

いまは「もてなす」というと、豪華なものを振る舞うことのように思われていますが、本来のもてなしは、そういうもので量れるものではないということです。

ささやかでも心遣いがあるもの。ただ、質素なだけではわびしいものになってしまうので、それはもてなしになりません。

では、どうすれば質素でももてなしになるのでしょう。

この答えは利休が言いつづけていることの中にすでにあります。

そう、「工夫」です。一期一会のライブ感覚の工夫を亭主自らがすることが、もてなしになるのです。

［第五章］

江戸時代のクールジャパン——葛飾北斎

江戸時代のクールジャパン

いま、日本の文化を世界に売り出そうと「クールジャパン」という言葉が盛んに使われています。マンガやアニメ、ゲームのキャラクター、原宿の「カワイイ」ファッションなど、国を挙げてPRしているようで、実際に世界から注目も集めています。

しかしみなさんは、世界で最も有名な日本のコンテンツは何かをご存じでしょうか？

それは、江戸時代の浮世絵師・葛飾北斎（一七六〇〜一八四九）の代表作「富嶽《ふがく》三十六景」の中の一つ、「神奈川沖浪裏」（図1）という絵です。大きな波の向こうに富士山が見える絵を、多くの方が見たことがあると思います。海外では「The Great Wave」などの名称で知られているそうです。

つまり、北斎は日本人画家としては世界で最も有名なのは間違いなく、江戸時代にすでにクールジャパンを実現し、現代においてもその影響力を失わない、まさに芸術界の巨人なのです。

日本人にとっても北斎はなじみ深い画家で、いまでこそ展覧会が開催されると多くの人を集めますが、日本以上に世界が評価したという経緯があります。

図1　富嶽三十六景　神奈川沖浪裏

そもそも浮世絵は江戸時代の人気絵画でしたが、明治に入ると海外文化の流入で絵の世界でも西洋画が主流となっていきます。

その一方で、海外では浮世絵の持つデザイン性や斬新さに「なんだこれは！」と評価が高まり、その時代に多くの作品が海を渡ることになりました。ボストン美術館などは膨大な浮世絵のコレクションを持っています。

ゴッホは多数の浮世絵を所持していたそうで、「タンギー爺さん」という肖像画の背景には浮世絵を描き込んでいます。モネも妻に着物を着せてモデルにした美人画風の作品「ラ・ジャポネーズ」を描きましたし、日本風の庭園をつくるなど、ジャポニスムの影響が強くあったことは間違いありません。

また、絵画の世界だけでなく、音楽の世界

にも影響を与えました。その証拠に、ドビュッシー作曲の有名な交響曲「海」のジャケットには、この「神奈川沖浪裏」が使用されています。

歌川広重《うたがわひろしげ》（一七九七〜一八五八）など海外で人気を博した浮世絵師は数多くいますが、やはりその筆頭は誰に訊いても北斎、ということになるでしょう。

その結果、日本においても浮世絵のすごさが改めて見直されることになりました。海外の評価があってから自分たちの良さに気づくというのは、いまも昔も日本人の悪いくせかもしれません。

これは小さいことでもそうなのですが、日本人は自分の国にあるものを当たり前と思ってしまい、世界的な視点でその価値を見るのが苦手です。

たとえば、いまでこそ似た業態は海外にもありますが、一〇〇円ショップが出始めた頃はあの値段であれだけの種類の商品が揃う店は画期的でした。お蕎麦《そば》屋やラーメン屋で食券の自動販売機がありますが、外国人はあれを見て「クール」だと言います。

グローバル化の時代に世界でビジネスをするためには、気負いすぎず、**自分たちの持っているものの価値に気づく**ということも大切です。

世界が驚いた構図と線

では、浮世絵の何がそんなに世界を魅了したのでしょうか。

それは何と言っても斬新な構図でしょう。「神奈川沖浪裏」を見ると、画面いっぱいに広がる波の向こうに富士山が見える。おそらく現実にそんな光景を見ることは困難なわけですけれども、その迫力が真に迫って伝わってきます。

西洋の絵画は、写実ということを一つの目標として技術を発展させてきました。しかし、近代になって写真が登場するとこれ以上の「写実」はないわけで、画家たちは新たな表現を探さざるを得ませんでした。写実を超える何かです。

北斎の絵は、波の一つひとつの描写は緻密《ちみつ》で、そこは極めて写実的に自然を描写しています。本当に日本でこんな大きな波が起こるかはわかりませんが、ハワイのサーフィンの写真などを見ると、ああいう波が現実にあることは間違いありません。

彼の時代には、すでに西洋の絵は日本に入ってきていましたから、北斎もそうした写実の技術は知っているわけです。

しかし、画面の構図を非常にダイナミックにすることで、自然をただ写し取るという単純な写実主義を超えてしまっている。そこが西洋の画家に驚きを持って受け止められた大きな理由だと思います。

「富嶽三十六景」の絵の多くは、それ自体が写実的でありながら、同時に「デザイン」になっています。一度見たら忘れられないインパクトがあります。

ありえないほど大きな波に、小舟が翻弄《ほんろう》されています。北斎の絵は、風景を描いていても必ず人間がそこにいるのが特徴的です。波と富士山だけでも絵にはなるはずですが、そこに波と闘う漁師さんたちがいることで、北斎ならではの構図が完成します。

乗り越えることが不可能に見える大きな波と小舟、そして奥の奥に富士山。「富嶽三十六景」ですから当たり前ですが、富士山がメインテーマです。けれどもそれらの要素の中で、富士山は最も小さく描かれているのです。

斬新なのですが、一度見てしまうとこれ以外にはありえないのではないかと思ってしまうほど完璧で、決定版の構図になっています。

これを見た西洋の人たちは、おそらく**「こんなに自由に描いていいのか!」**と驚いたのでしょう。写真に負けない絵ならではの迫力がそこにありました。だから、こうした大胆な構図をこぞって自分の絵に取り入れようとしたのです。

そして、もう一つの大きな要素が「線」です。

西洋の絵画は、輪郭を線で描くということをあまりしません。現実の世界に線はないのだから、線を消すことがリアルな表現だと教えられるわけです。鼻や目を線で描いてしまうのは、子供がやるような稚拙な表現とされてしまいます。モナリザの顔にはっきりした輪郭線はありません。

一方、日本の絵は線で描ききるものが多い。もちろんそれは中国なども同様なのですが、中でも日本は、シンプルな線の表現を発達させてきたように思います。線で描くと生命感や躍動感が出ますし、デザイン性が非常に高くなります。

一本の線でやりきってしまう勇気を持っている。そこにゴッホたち西洋の画家は感銘を受けて「すごい」と思ったのです。北斎はその面でも達人でした。

これはやがて時間が経って、一九二〇年代のパリ画壇でも同様のことが起こります。画家の藤田嗣治《ふじたつぐはる》の絵がパリで人気を博したのは、代名詞である「乳白色の肌」と同時に、線の強さがあると思います。

藤田もまた、線に命をかけた画家でした。乳白色のキャンバスに、極細の面相筆を使って、墨で一本の線を一発で描く。そのワザを藤田は極めました。おそらく、西洋人の中で自分が生き残るには、線しかないと考えていたのではないでしょうか。

そういう意味では、藤田も北斎が極めた浮世絵の伝統の下で世界に出たわけです。

ジャンルそのものを開拓していく

北斎のすごさは数えきれないほどありますが、**新たなジャンルの開拓**というのもその一つです。

一言で言えば、北斎は日本の「風景画」というジャンルを切り開きました。風景画は江戸時代には「名所絵」という呼び方をされていました。もちろん北斎以前にも名所絵は描かれていましたが、必ずしもメジャーなジャンルではありませんでした。

それまでの浮世絵は、役者絵や美人画、春画が中心でした。現在で言うブロマイドやグラビア写真のようなもので、需要があってそれに応えるためのものだったわけですが、当時、風景というのはそれだけではあまり需要がなかったのです。

風景画として一番有名なのは歌川広重の「東海道五十三次」だと思いますが、実はそれよりも以前に北斎が東海道を絵のテーマとしていました。いまでこそ東海道五十三次は人気の画題だと思われていますが、北斎が取り上げるまではさして人気のあるものではなかったようです。

北斎がなぜ東海道を描いたのかといえば、それは戯作者の十返舎一九《じっぺんしゃいっく》が『東海道中膝栗《ひざくり》毛《げ》』を著し、それが大ヒットしたからです。その東海道ブームに乗っかって北斎は絵を描いたところ大成功して、風景画の連作というジャンルが「いける」となったわけです。

ですから、北斎は東海道ブームを利用して、浮世絵の定番商品として「風景画」というジャンルを確立した立役者というわけです。

ジャンルの確立というのは大切なことです。まったく新しくて孤立しているものは、どんなに良いものであっても世の中に広く受け入れられにくい。なぜなら、多くの人は保守的ですから、これは面白いとわかっているものにお金を出すからです。たとえば、小説でも「SF」とか「時代物」というジャンルに入っているものは安心して読めますが、まったく新しいものに対してはなかなか手を出しづらい。

だからこそ、新しいものをつくるときには、それを新しいジャンルとして人々に広く知ってもらうことが重要になるわけですが、そのためには実力だけでなく世の中に浸透させる能力が求められます。

北斎は、それを高いレベルで何度もやることのできた人でした。

東海道が売れて「風景」が新しいジャンルになるとわかったら、その次は富士山をテーマにした「富嶽三十六景」を次々に出していきます。

もちろん北斎より前に富士山を描いた人はたくさんいるわけですけれども、北斎はそれを圧倒的な画力で芸術的な域に高めてしまいます。それを連続で出すのですから、他の人には真似できません。人々はそれによって、いろいろな角度からの富士を楽しむという、新たな美を発見したのです。

新しいといえば、色彩感覚もそうです。「ベロ藍《あい》」と呼ばれたプルシアンブルーの青は斬新な色彩で、見る人に驚きを与えたでしょう。

当時は貴重な顔料だったそうですが、北斎はそれを大胆に使い、またその良さを生かそうと水や雲、風というようなものをベロ藍で巧みに表現しました。それによって浮世絵の世界が一層華やかになり、奥行きが生まれたことは間違いありません。

いろいろと物議を醸した二〇二〇年東京オリンピックのロゴマークは最終的に藍色をテーマとしたものに決まりましたが、この北斎の愛したベロ藍を使ったら、日本ならではの魅力を世界に発信できるのではないでしょうか。それくらい、いまでも魅力を失わない斬新さとデザイン性を持っているのが、北斎の浮世絵です。

売れることにこだわった北斎

北斎は、徹底的に売れることにこだわった人でした。

東海道が売れると見たらそれを作品にして、その流れで富士山をシリーズにするといったように、そこに**マーケットがあることを認識したうえで、さらにお客さんの想像を超えるような斬新な構図や色彩の絵を生み出していった**からこそ、人気を博したのです。

わたしたちは北斎を「芸術」という視点で見てしまいがちですが、ここではあえてもう一度エンターテインメントとして、ビジネスマンとしての側面に注目してみたいと思います。

そもそも北斎自身は、自らを「画工」と称していました。絵をつくる職人といった意味です。それもそのはず、江戸時代において浮世絵は庶民の楽しむ絵という扱いでした。美術としての絵の主流は、大和絵や中国から伝来した画風の流れを汲むものであり、狩野《かのう》派など幕府お抱えの絵師がそれを担っていました。

浮世絵師というのは厳しい世界で、人気が出なければ版元からの依頼が来なくなってしまいます。**依頼に対して、圧倒的なクオリティで、来た球を打ち返す。**それが素晴らしければ、また次の依頼が来るということで、芸術として自分の描きたいものを描くなんて意識は二の次になります。

では、大衆の受けばかりを狙っていたのかというと、必ずしもそうとも言えない。自分の絵描きとしての技術に対する圧倒的な自負は持っていて、「どんな依頼であっても人よりいいものを返せるよ、ちょっとやらせてみなよ」とでもいったようなところがあります。

そうして、いざやってみる段になると、さまざまな技巧を駆使して自分の描きたいものをこれでもかというほど詰め込んでくる。「富嶽三十六景」や「北斎漫画」など、そうしたもので溢れんばかりです。

要は、自分の中から生まれる売れるものはすべて売っていく。それが北斎です。なんと彼は、自分の名前まで売ってしまうのです。

北斎の人気は高く、江戸では評判の絵師でした。当然、絵も飛ぶように売れたはずですが、なぜか貧乏だったそうです。ある人が北斎の家を訪ねたところ、あまりの汚さに敷物を敷いて座ったら、それがきっかけでけんかになった、なんていうエピソードもあるくらいです。

実は、北斎は生きている間に名前をどんどんと変えていきました。なぜかというと、名前を人に売ってしまうのです。

浮世絵研究の先駆者として知られる飯島虚心《いいじまきよしん》の『葛飾北斎伝』（岩波文庫）という本がありますが、そこには、勝川春朗《かつかわしゅんろう》、群馬亭、魚仏、為一《いいち》、画狂人など一五を超える画名が挙げられています。

売名行為という言葉がありますが、普通それは自分が有名になるために目立つことをするという意味です。北斎の場合は逆で、自分の名に価値が出たのなら、その名そのものを売ってお金にしようというのです。

よく歌舞伎役者の名前などで見かけますが「二代目●●」というように、伝統ある名前は引き継がれます。北斎の絵が人気を博すことで、そのときにつけていた画号が価値を持ち、それを欲しいという人が出てくるのです。

北斎は、有名になった自分の名前を売ってしまっても、また他の名前で絵を描いて有名になるという自負があったのでしょうし、世の中も北斎がどんな名前で描こうとも、彼の絵は面白いと思って買ったのでしょう。それくらい絵を描くということ以外に執着するものがなかったということです。

北斎の墓に彫られた名前は「画狂老人卍《まんじ》」というものです。ここまで来るともう漫画か何かのキャラクターみたいですが、「画狂」の狂の字の意味は、**他のことはまったく見えないほど一つのことに集中して邁進している**ということでしょう。

吉田《よしだ》松陰《しょういん》も自分のことを狂の一字の人間だと思っていたそうですが、思いが強すぎて傍《はた》から見たらおかしいと思えるくらいに何かを貫く人は、他の人にはない強みを持つことができるのです。

あなたのしていることは職業か、道楽か

芸術家でなくとも、わたしたちは仕事をするうえで、自分のやりたいことや好きなことと、人から求められることや売れるものとの間のギャップに悩むことがあります。

しかし、北斎はそれを高い次元で両立させることができました。

先の章で例に出した作詞家の松本隆さんなども、依頼主の要求と自分の色をすり合わせるのが非常にうまい方で、作詞家としての作家性を失わないのに、ポップスでヒットさせるという大衆の購買欲に応えつつ、クオリティの高いものをつくっています。

普通はこれがうまくいかなくて、自分の好みや斬新さを出すと売れなくなるし、売れるものをつくろうとすると、自分のやりたいことから離れてしまいがちです。

こうした点について、夏目漱石《なつめそうせき》が面白いことを書いています。「道楽と職業」というタイトルがつけられていますが、講演を収録したものです。

己《おのれ》のためにするとか人のためにするとかいう見地からして職業を観察すると、職業というものは要するに人のためにするものだという事に、どうしても根本義を

置かなければなりません。人のためにする結果が己のためになるのだから、元はどうしても他人本位である。

（中略）

芸術家とか学者とかいうものは、この点においてわがままのものであるが、そのわがままなために彼らの道において成功する。他の言葉で云うと、彼らにとっては道楽すなわち本職なのである。彼らは自分の好きな時、自分の好きなものでなければ、書きもしなければ拵《こしら》えもしない。至って横着《おうちやく》な道楽者であるがすでに性質上道楽本位の職業をしているのだからやむをえないのです。

（夏目漱石「道楽と職業」）

漱石によれば、**職業というのは「人のためにすること」**、他人にサービスを施して喜ばせることです。どんなに自分は芸術家でござい、と言って高尚な絵や文学を書いたり、学問をしたりしていても、人のためにならなければそれは道楽だと言うのです。

その一方で、人が喜ぶものだからといって自分の中から出てきたものではないものをつくるような人は断じて芸術家ではないとも言っています。自分は芸術家であるが、たまたま自分の書いた小説を喜んでくれる人があるので、食べていけるのだ、と。

禅僧が修行しているのは、自分のためなので、道楽だと言っています。

仕事の中で、自分の興味とやらなければならないことのギャップに悩んでいる人は、漱石の言う「道楽と職業」の視点から考えてみるといいのではないでしょうか。

自分のやっていることは道楽なのか、職業なのか。まず、ほとんどの人は職業としてやるべきことをとらえなければなりません。

わたしは、北斎は自分の画業を職業として考えていたのだと思います。まず見てくれるお客さんを喜ばせることがあって、そこに自らの芸術家としての才能を注ぎ込んで、結果的に自分だけにしかできないオリジナリティに到達したのです。

わたしたちもこうした**北斎的スタンスをもって仕事に臨むと、やる気を失わずに創造的なことができる**はずです。

まずはお客さんや上司の要求にきっちりと応える。そのうえで、少しでいいので新しいポイントを見つけて、それを超える球を打ち返す。

このちょっとした発想を繰り返すことで、あれもやってほしい、これもやってほしいというように要求の世界も広がり、その分、自分のやりたいことも実現できるようになるのです。

常に**「本当にここに需要があるのか？」**ということを確認するのがポイントで、需要がないところで仕事をしていても、新たな創造を生み出すことはできません。

これはわたしも経験がありまして、ずっと呼吸法の研究をしていたのですが、その本を世に出しても全然売れませんでした。一方で『声に出して読みたい日本語』を出したらヒットしました。日本語に対する需要があって、そこに応えることができたからだと思います。

ただ、需要に応えていく中でも、オリジナリティを出すという自負は常に失わないようにしていました。

北斎も、戯作の挿絵のような仕事を受けた際には、**依頼に応えつつも自分の考えを出す**ような絵を描いたそうです。そのせいで戯作者からは文句もあったようですが、おそらく北斎はその先の読者をどうしたら楽しませられるかということを考えていたのでしょう。

そういう意味では、需要という言葉の持つ意味については誤解しないでいただきたいと思います。いまは需要を探す際に、マーケティング的な手法がとられることが多いですが、それが単に過去の「売れ線」を探るだけのものになってしまっていないでしょうか。

それだと新しいものは生まれにくくなって、文化水準も下がってしまうように思います。**過去に求められたものを知ったうえで、さらにお客さんや世の中を「おお！」と喜ばせるものは何かを考えて、ひと工夫をつけたす。**そこにこそ、発想力と創造力を注ぎ込むことが大切です。

自然描写を極めて、新たな世界を描き出す

先程も述べましたが、北斎のベロ藍が最も活かされるのは、なんと言っても水や雲を描くときです。ダイナミックな波のしぶきや風に沸き立つ雲など、本物以上の迫力を持っていますが、どこか誇張した部分もあると感じられます。

しかし北斎は、たとえば波を描くとなると、本当の波を研究しつくしたそうです。あるときに波の研究を思い立って、千変万化の波が観察できることで有名な千葉県の銚子《ちょうし》に行きました。ここで晴雨を問わず来る日も来る日も握り飯を持って宿を出て、歩き回ったり、腹ばいになったりしてあらゆる角度から波を眺めて、それを描いたのです。

「さざれ浪、さざ浪、千重の浪、青浪、荒浪、高浪、はり浪、くだける浪、岩切る浪」(『画狂人北斎』瀬木慎一《せぎしんいち》/講談社現代新書)などさまざまな波を描きわけて、人々を驚嘆させたといいます。これが「総州銚子」という絵に結実しました。

その自然の描き方を、「自然への意識の投入を企《くわだ》てた」と瀬木さんは解釈していますが、ただ自然美を賛美するのではなく、そこに意識を投入し、画家としての見方をドンと

図2　諸國瀧廻り下野黒髪山きりふりの滝

入れていく。そういう意味では近代的な表現者であると述べています。

おそらく、ありとあらゆる波を描きわけるようになったからこそ、絵の中にそれを描く際に、登場人物の心などを反映させるような新たな表現が可能になったのだと思います。

滝を描くと、水の流れの一筋ひとすじが本当に美しい（図2）。いまでいうカメラのシャッタースピードを下げて写真を撮ったような感じで、滝の流れが一瞬止まったかのような印象を受けます。

青と白のはっきりとした線を駆使して、デザイン性の高い描き方をします。これが西洋の風景画との大きな違いでしょう。どう違うかというと、たとえばターナーの風景画をTシャツにするとどこかぼやけた感じですが、北斎の絵はどれをTシャツにしてもかっこいい商品になります。

Tシャツにできるということは、その絵のデザイン性が高いということだと思います。単なる写実主義ではなくて、一つの絵画世界をつくり上げている。

画面構成ということで考えると、写真とは違うわけです。写真に勝る写実はないわけですから、「富嶽三十六景」にしても現実そっくりかと言われると全然違う。線の一本一本、写真では出ない線が出ていて、ありえない構図を描いている。これぞ絵画です。

一つの画面の中に構成力をもって、そして色彩感覚をもって、描写力をもって、一つのワールドをつくり、しかも海や滝の本質、エッセンスを伝える。

こうした**世界観の提示は、現代でも商品やサービスがヒットするために必要な要素**だと思います。

北斎にかかれば、春画すらデザインになってしまいます。

北斎は他の浮世絵師と同じく春画も描いていまして、有名なものの一つが「蛸《たこ》と海女《あま》」と題された、大蛸が女性に絡んでいるタイトル通りの絵です。こんなことは現実には起こりえないわけですけど、なんだかリアリティを感じてしまいます。

北斎のリアルというのは、本当の現実を超えたものなのです。現実を超えたリアリティを持つような虚構をつくり出したら、世界を見るときにそういうふうに見えてきてしまう。波を見たら北斎を思い出し、富士山を見たら北斎を思い出す。富士山の写真を撮っている人は、みんなどこかで北斎を追いかけているのです。

赤富士の瞬間を狙って富士山を撮っている人は多いのですが、それを最初に示したのが北斎です。初めにやったにもかかわらず、完成形を示してしまったということで、みんながそれを追いかける形になった。

そう考えると、デザインの力で世界観を提示していくのが、日本の浮世絵師たちは得意だった。クールジャパンと言いながら、意外にその中身が何かということは考えられていない気がしますが、そこのところに着目すべきかもしれません。

先頃、大英博物館では春画をテーマにした展覧会が開かれて、人気だったそうです。日本では公序良俗的な観点から公共の展覧会はあまり開かれないようですが、そのあたりも海外との評価のズレを感じます。

あるいは、日本のマンホールのデザインというのが、いま外国人旅行者から人気だと言います。日本人の気づかないところで世界から評価されているものはたくさんあるのでしょう。

こうしたデザイン性の高いものを大衆が楽しむ文化が江戸時代にすでにできあがっていた。日本人の中にある、こうした**デザインで世界観をつくり出す発想力**に気づいて、それをさらに磨いていくことが大切です。

『北斎漫画』と現代の漫画のつながり

いま、日本の漫画は世界中に広まっています。北斎は『北斎漫画』という作品集を手掛けていますが、これは現在のストーリーのある漫画というよりは、絵手本です。人間から動物まで、これを見るとどのように描けば、見る人に伝わる絵が描けるのかがわかります。ここに集められた絵は多彩で、一つひとつの表現が巧みで面白く、お手本集なのについつい引き込まれてしまいます。

一言で言えば、あまりに上手いのです。一つの絵でもすごいのに、それが全一五編にわたって集められているのですからすごい迫力です。これは大ベストセラーになったそうで、現在でも本になって売られています。

画力が人を惹きつけるのは、ストーリーが重視される現代の漫画でも変わりません。『ドラゴンボール』や『Dr.スランプ』で有名な鳥山明《とりやまあきら》さんの漫画は、一コマ一コマがそれ自体イラスト作品のようです。デフォルメされていながらもアラレちゃんの歯の一本一本や機械の部品まで精密に描かれていて、絵として部屋に掛けておきたくなります。

手塚治虫《てづかおさむ》さんや『AKIRA』の大友克洋《おおともかつひろ》さんなどもそうですが、天才的な人にかかると、数ページ読んだだけで、その世界がまるで目の前にあるように浮き上がって見えてきます。それが画力というものだと思います。

『北斎漫画』は絵手本だと考えられていましたが、よく見ていくといまの漫画につながる表現がたくさんあるということが、清水勲《しみずいさお》さんの『北斎漫画』(平凡社新書)という本に書かれていますので、その視点を参考にして見ていきたいと思います。

たとえば、いまでは古典的になった漫画的表現の一つに、何かアイデアをひらめいたときに頭から火花が出る、といったものがあります。

実は、これも北斎がルーツであったかもしれない。北斎がまさにそうした絵を描いているのです(237ページ図3)。これが後に宮武外骨《みやたけがいこつ》というジャーナリストなどにも影響を与えたと見られ、いまで言うと、電球がピカッと光るような表現につながっているように思われます。

吹き出しの使い方も、北斎ならではのものがあったようです。

そもそも日本の絵は、詞書《ことばがき》といって文字を絵の中に載せてしまう文化がありました。吹き出しもそのような中で生まれました。ただ、北斎はその吹き出しを頭から発するように描いたのが新しいそうです。

「夢」（237ページ図4）という絵は、おいしそうな食べ物を夢見ている様が吹き出しで表現されています。こうした描き方は現代の漫画でも見られるものです。

コマ割り表現というのも、漫画の大きな特徴です。

もちろん、そこまで洗練されたものではありませんが、北斎もコマ割り的な表現を駆使しています。

「芸競《くら》べ図」（図5）という絵がありますが、これは四人の男がそれぞれ芸をしている様子を描いたものです。上から見ていくと「鉤柿《つりかき》」「煙草曲呑《きょくのみ》」「曲喰《きょくぐい》」ときて、下段左は「無芸大食」となっていて男が蕎麦を食べているだけ。

これは、四コマ漫画のオチのような表現で、ただの絵手本ではなく意外性で笑わせようとしているのです。

さらに、アニメーションにもつながるような表現も見られます。「雀《すずめ》踊り図」（238ページ図6）という、踊りの様子を連続で描いた絵があります。これをコマにして、連続で撮影するとなめらかな動きのアニメを見ているようだったということです。

もちろん、北斎が後のアニメを予見していたというのは言い過ぎですが、人の動きの瞬間を連続でとらえると、絵でも動きを表現できるのではという感覚があったはずです。

直接的というには少し距離があるかもしれませんが、日本がこんなにも漫画大国になっ

図 4「夢」(11 編)

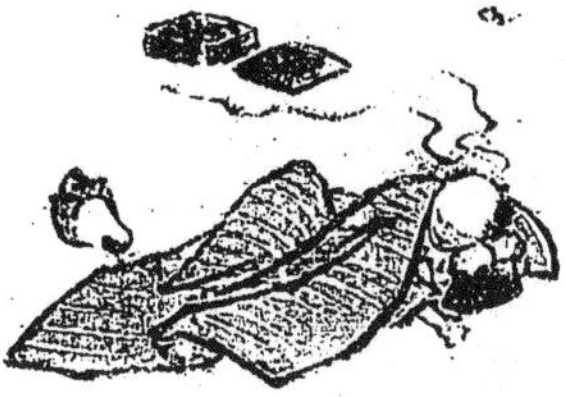

図 3「自然火」(10 編)

図 5「芸競べ図」(10 編)

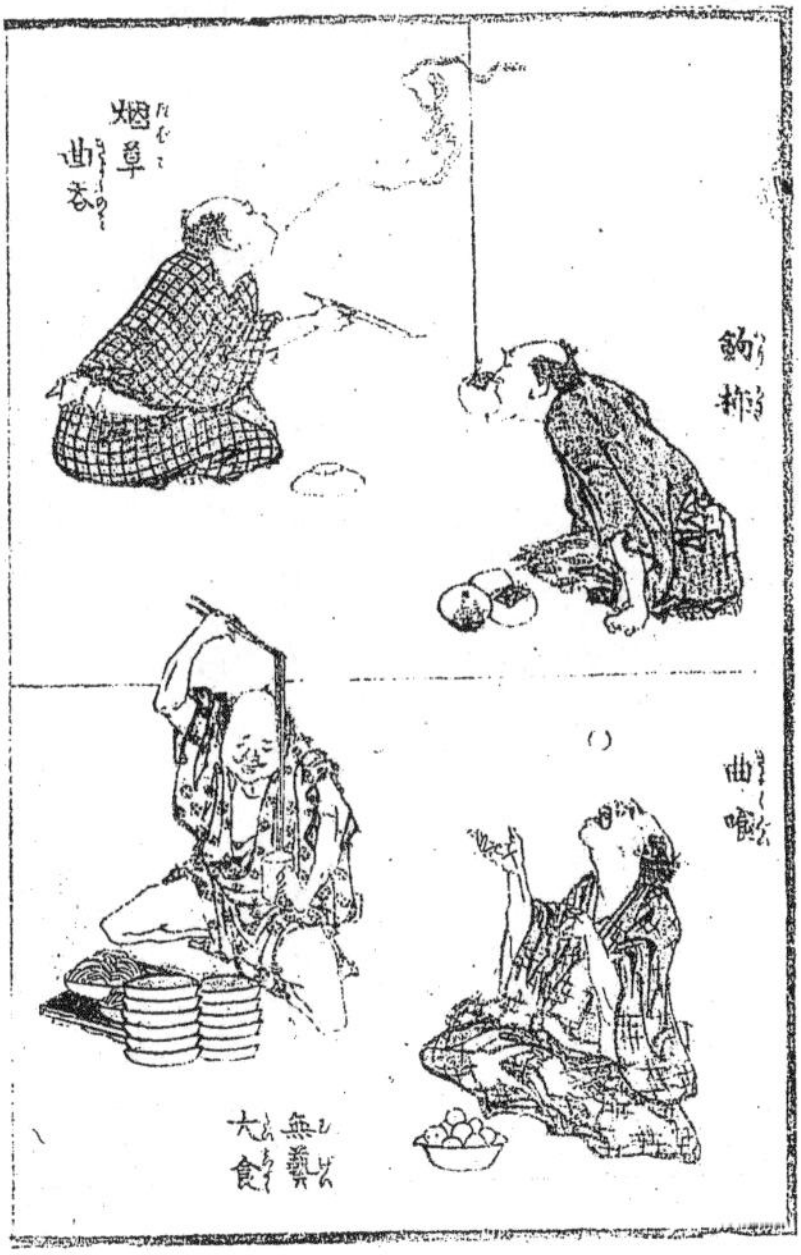

『北斎漫画』(国立国会図書館デジタルコレクションより)

図6「雀踊り図」（3編）

『北斎漫画』（国立国会図書館デジタルコレクションより）

た源流に北斎がいたのは間違いありません。江戸時代は、「判じ絵」という絵で謎かけをするような遊びも流行っていましたし、こんなにも上手くて、アイデアが豊富で面白い絵があるとなれば、みんながそれを求めるからです。

そのような大衆が求めた笑いや楽しみに応える絵を描こうとする北斎のような絵師が、いろいろな表現に挑戦し、その蓄積が後の漫画の表現力につながり、それがいまでは世界中から求められているのだと思います。

現代アート的な発想を持っていた

浮世絵というのは絵師が元となる絵を描

いて、それを版画にするわけですが、北斎の活躍はそれだけにとどまりません。

北斎の人気を耳にした一一代将軍、徳川家斉《いえなり》は北斎を呼びよせて目の前で絵を描かせたのです。北斎は当日、将軍の前で花鳥山水を描いたそうですが、それだけで終わらず、さらに横長の紙に藍色の線で彩色した後、籠の中から鶏を取り出してその足の裏に朱肉を塗りつけて、紙の上に放ったのです。

鶏が紙の上を歩いていくと、その足跡が紅葉のように真っ赤な木の葉の形として残り、北斎は得意顔で「立田《たつた》川紅葉流るるの景」と言って、お辞儀をして退出したと伝わっています。

この話は必ずしも本当のことではなく、鶏の脚が紙に引っかかってしまったり、暴走した鶏が墨をこぼしてしまったりして、北斎の試みは失敗したという説もあるそうです。ただ、北斎が将軍の前で描いたのは事実のようで、またこういう話が出るということは、北斎ならきっとそういうことをしたし、成功したであろうという期待の裏返しであるとも思います。

いずれにしても、将軍の前でこうした試みをしたということ自体が、とんでもなくすごいことです。

現代アートの世界では、観客の前で描いてみせるライブペインティングやパフォーマンスアートがあります。ジャクソン・ポロックは絵筆を振り回すようにして飛び散らせた絵の具で描き、その制作手法はアクション・ペインティングと呼ばれました。

そうした手法が目指したのは、人間の意図を超えるような偶然性を芸術の世界に取り込むことでした。その意味では、鶏の足跡は、まさに人間には制御できない自然の働きに絵を描かせるという斬新な思いつきです。

絵自体だけでなく、制作過程そのものをパフォーマンスとして見てもらう。さらに画家の意図だけでなく偶然性を画面に取り入れるという現代アートの発想を、すでに北斎は持っていたわけです。

そして、将軍の前というまさに命が掛かってもおかしくない場所で、そうした挑戦をしようという**発想力と勇気**は見習うべきものがあります。

新しいことをやるには勇気がいります。重要な場面ほど失敗したときのダメージも大きい。けれども、そうした場面で「勇気」を持って人に喜んでもらえると思うことをやってみることが、現代のわたしたちに必要な創造性を発揮するための秘訣なのではないでしょうか。

九〇歳にして「もっと上手くなれたのに」

北斎に学ぶべきは、何にもとらわれずに、ただ向上を目指す心意気です。年齢に関係なく、ひたすら技術の向上を目指した北斎の態度は、高齢化社会に生きるわたしたちにも示唆に富みます。

北斎というのは、非常に変わった人だったようですが、すべては絵のために生活を捧げた結果なのでしょう。

北斎の伝記として有名なものに飯島虚心『葛飾北斎伝』があります。それに付された重《しげ》野《の》安繹《やすつぐ》という明治の史学者が書いた序文が、北斎の人生を一言で表しています。

画工北斎は畸人《きじん》なり。年九十にして居を移すこと九十三所。酒を飲まず、煙茶を喫せず。その技大いに售《う》（売）るるも赤貧洗ふが如く、殆《ほとん》ど活を為《な》す能《あた》はず。今此《こ》の伝を読むに、一生の行為、驚くべく笑ふべく、憫《あわれ》むべく感ずべし。豈《あ》に所謂《いわゆる》人に畸にして天に畸ならざる者か。

（「葛飾北斎伝叙」重野安繹）

先に、北斎は名前を捨てつづけたという話をしましたが、名前だけでなく住むところも捨てつづけたようです。一生の間に九三回も居を移し、ひどいときには一日に三回引っ越したといいますから、ちょっと意味不明です。どうやら散らかし放題の部屋が片付かなくて、しかたなく引っ越していたようです。

絵の売れ行きはすごかったのに、いつもお金がなかったというのは不思議ですけれども、もしかしたら高価な絵の具などに使ってしまっていたのかもしれません。特に飲んだくれていたわけでもないのに、いわゆる生活能力はありませんでした。

重野さんの人物評は、人としては変わっていたけれども、天、おそらくここでは芸術の世界とでもいうものに対しては変ではなかったというものです。

北斎の絵に対する執念はすごかったようで、こんなエピソードがあります。

あるとき、北斎が描いた絵を絵草紙問屋の主人が店先に掲げたところ、春好《しゅんこう》という兄弟子がやってきてその絵は下手くそで先生の恥となるからといって北斎の目の前で破って捨ててしまいます。

それに対して北斎は「他日世界第一の画工となりて、この恥辱を雪《すす》がんものを」と奮起して、画業にいそしみ腕を上げました。晩年には、

「我が画法の発達せしは、実に春好が我をはづかしめたるに基《もとい》せり」

と言ったそうですから、負けず嫌いであっただけでなく、絵に対するあくなき向上心を持っていたのです。

北斎は次々に名前を変えたと言いましたが、「画狂老人」と名乗ったのが四六歳の頃だそうですから、老人と言ってもまだまだ若い。さらに北斎は当時としては長生きで九〇歳まで生きますから、まだまだです。

「富嶽三十六景」を描いたのは七〇歳を過ぎてからです。現代に照らしても高齢になってから傑作、自身の代表作と呼ばれる作品を生み出していますから、すごいことです。それだけのものを生み出した後の七六歳になって、北斎は次のように書きます。

「一百歳の頃は、先《ま》づ者画工《は》の数に入可レ申《いりもうすべき》存念に御座候《そうろう》云々」

一つひとつの作品ですら誰も追いつけないほどクオリティの高い作品を数多く生み出していながら、「まだ画工の数に入っていない」と言うのですからどれだけ理想が高いのか、というより他の人から見たら信じがたい意欲です。

これまで自分の技術を磨きつづけて、大衆の人気も集め、高い評価を受けていることはわかっているはずです。それでも**まだまだ上があるし、年を取っても上達することができると**考えているのです。

そして、最期は娘の阿栄《おえい》（この人も画の達人です）や門人に看取られながらこう言ったそうです。

「天我をして五年の命を保たしめば、真正の画工となるを得べし」

死ぬ間際にも、まだ上達をあきらめていない。あと十年、いやあと五年あればちゃんとした画家になれるのにと、北斎のようなレベルの人が言うところにすごみがあります。

とはいえ、あまり肩に力が入っているのではなく、辞世の句は次のようなものでした。

「悲《ひ》と魂でゆくきさんじや夏の原」

人魂となって夏の原っぱを飛んでいくのは気散じ、すなわち気晴らしだというのですから、楽しそうな感じです。死ぬ間際になって「あと五年あれば」と言うくらい、常に上達を目指していたからこそ、死んでしまってもそれはそれで楽しいと言っているかのようです。

北斎のこうした、**やりきっているからこその軽やかな人生観**というのも見習いたいところです。

おわりに

本書では、日本人ならではの発想力・創造力を発揮した五人の巨人を見てきました。もちろん、彼らは常人では簡単に真似できないほどすごい人たちです。とはいえ、彼らのやり方から、現代のわたしたちが学べることはたくさんあります。

まずは、**職業的意識で来た球を打ち返してみる**ことです。その際に受け手を意識して、要求に少しでも応えようとすることです。

日本の漫画のパイオニアである手塚治虫さんは、売れっ子になってからも尋常でない仕事量をこなしていました。週に何本も締め切りがあったそうですが、普通は大物になったらそんなにあくせく仕事をしなくてもクオリティをあげていけばいいとなりそうです。『ブラック・ジャック』と『三つ目がとおる』が同時期に連載されるなんて、考えてみてもすごいことです。

これは想像ですが、手塚治虫さんもオファーが来たものに対しては、意識的にできるかぎりこなしていたのではないでしょうか。来た球を打つというのを繰り返す中で新しい領域の仕事が開かれ、その中から傑作が生まれるということを経験的に知っていたのだと思います。

そして、その繰り返しバットを振る中でも、自分がやっていることの**エッセンスを見失わない**ことが大切です。五人の巨人たちにも共通することですが、真善美のような遠い世界、究極の本質のようなものを意識しています。

北斎だったら波とは何かということを探究して、他の人とは違うやり方でそれを表現しました。すると、誰が見ても波ってこうだよね、という新たな価値が生まれました。世阿弥なら人間の感情の一番奥底にあるもの、情動とはなんだろうと突き詰めて、演劇表現にしましたし、芭蕉は「古池や蛙飛びこむ水の音」という、一見普通の光景で春を見事に表現しました。

こうして本質を見失わず、けれどもそれを**具体的にしていくこと**が必要です。

たとえば「生きるとは何か」という問いは本質的なものですが、これをそのまま出してしまうと抽象的で、それだけではお客さんを楽しませることはできません。かといって本質を外してしまったものには奥深さや究極的な魅力がなくなってしまいます。

ですから、本質的かつ具体的なものを見つけることを目指すべきです。

わたしたちが日常の中で意識すべきは、**ひと工夫を積み重ねて常に新しいものにしていい**

く**「更新力」**です。

世阿弥が言ったように「珍しきが花」ですから、新しいものを世の中は求めています。一つ新しいものを生み出しても、すぐに古くなってしまいますから、さらに新しいものを生み出さなければならず、更新力はとどまることを知りません。

その際にはあまり大きく考えず、小さなひと工夫を繰り返していくことです。

いまでは当たり前のようにある味噌ラーメンですが、生まれたきっかけはなにか新しいラーメンをつくりたいというときに、これまでのラーメンに味噌を加えるところから始まりました。割と誰でも思いつきそうなことを、誰もやっていなかったのです。

でも、そのひと工夫が、新たなラーメンの味という価値を生み出し、定番化することでラーメンの世界観自体を変えました。

こうしたひと工夫の連続を義務感ととらえてしまうと、日々の生活が苦しくなってしまいます。五人の巨人たちは、そうした**価値を生み出すことの積み重ねを、人生の楽しみとして受けて立っていた**ように感じます。

利休のように儲けて成功した人もいれば、北斎のように死ぬまで貧乏暮らしを続けた人もいますが、共通しているのは自分の追い求めていることや、それが人を楽しませることを純粋に楽しんでいたことです。

この世に生を受けた以上、人を喜ばせつつ、でも何か自分なりの新しいものを生み出したいという欲求はみんなあると思います。いまの人たちが会社を辞める理由の中にやりがいがないといったものがあるのは、そこを見失ってしまっているからです。

ずっと同じことをやらされたり、だれがやっても同じ仕事だと思ったりすると、つまらなくなってしまうのはしかたありません。

そこで、わたしは**「ミッション」が人を活かす**ということを言っています。

適切なミッションを与えてあげると、ほとんどの人はそれに対して創意工夫で応えようとして、やる気が生まれ、実際に新しいものが生まれます。

大学の授業などでも、ただ漫然と聞いているだけではやる気が出ませんが、発表をしたりコントをつくったりしろというミッションを与えると学生たちは途端に生き生きとしてきます。これは、会社などでも同じだと思います。

無理難題と思われるような大変な課題をなんとか打ち返していく中で、そこに新たな発見をする。そして、一度そういうことを経験すると、最初は面倒くさいと思っていたけれど、いつもと同じことをやるよりも楽しいとなって、いい循環が生まれるのです。

プレッシャーが掛かる場面は嫌なものですが、追い込まれると創造性が生まれるというのは、多くの人が経験しているはずです。利休なんて、時の絶対権力者である秀吉から日々追い込まれていたのですからすさまじい。それに比べたら会社の上司なんて、たいしたことないと思えてきます。

そして、いまの時代に日本人が見直さなければいけないのが**「美意識」**です。

利休は、それまで美しいとされていなかったものを「これはここが美しい」と解釈することで価値を生み出しました。芭蕉は、弟子たちがつくった句を読んで、こちらの言葉がいいと指示することで自作以外にも影響を及ぼしています。

彼らは、**いいものと悪いものを見分ける眼力を持っていて、それが創造力の源**になっているのです。それが美意識やセンスと呼ばれるものです。

これはいまの時代でも当てはまることだと思います。

スティーブ・ジョブズがシンプルということにこだわって製品を生み出したからこそ、アップルのコンピューターやスマートフォンは多くの人が欲しがるものになりました。こうしたことは、本来日本人も得意だったことです。

九鬼周造《くきしゅうぞう》は『「いき」の構造』という本を書いています。遊廓の女の人はお金で買われる存在ですけれども、そう簡単にはお客になびかない。そういう事例から「粋《いき》」というものが日本人の美意識であるとして理論化したものですが、こうした美意識を核として創造性というものをもう一度考えてみるとよいのではないでしょうか。

美意識の鍛え方としては、自分がよいと思う美意識の持ち主をだれか決めて、それを取り入れるというのが簡単な方法です。

その人がいいという映画を全部見てみたり、好きなものを追いかけてみたりするのです。すると、だんだんその人の「眼」が自分にも備わってきます。

あるいは、「自分ならこうするのに」という改善案を常に出していく。

わたしの教え子に、発想を引き出すために、わざと下手な演劇やつまらない映画などを見るという人がいます。変なものを見ていると、「自分だったらそうはやらないな」と創造力が湧き上がると言うのです。

生活の中で触れたものやサービスに対して、ここが不便だよな、そうじゃないんだよと思うことを積み重ねていくと、あるとき、「じゃあこうすればいいいな」ということを思いついて、それが自分で実行できることならしめたものです。

現代は、情報化やグローバル化が叫ばれる時代です。そうした時代に求められる発想力・創造力は何かを考えていくと、自国の先達にお手本がありました。

ＩＴが普及し、ビジネスのスピードは速くなって付加価値を求められるようになっています。その際に、抽象的な情報という側面ばかりではなく、具体的に人を喜ばせるものをつくらなければいけない。五人のやり方から、そのためのひと工夫のコツを学ぶことができます。

また、グローバル化と言っても海外の真似をするだけでなく、自分たちの強みを再発見することが大切です。

明治に入ってからの美術は西洋絵画一辺倒になってしまって、北斎ら浮世絵師の仕事を忘れてしまいました。けれどもそれを西洋が評価したことで、良さを再発見した。そういうことが現代にもあるはずです。

日本人ならではの視点で、社会をより良くするための発想力を鍛え、新しい価値観を生み出すような人生を送るために、本書に書いたことがお役に立てば素晴らしいことだと思います。

「悟りは常に脚下《きゃっか》にあり」という言葉がありますが、「発想もまた常に脚下にあり」を心に留めて、発想豊かな人生を楽しんでいきたいものです。

参考文献

『風姿花伝』　世阿弥・竹本幹夫訳注（角川ソフィア文庫）
『世阿弥アクティング・メソード』　世阿弥・堂本正樹（劇書房）
『演劇人世阿弥』　堂本正樹（ＮＨＫブックス）

『五輪書』　鎌田茂雄（講談社学術文庫）
『宮本武蔵』　魚住孝至（岩波新書）
『超訳宮本武蔵語録』　齋藤孝（キノブックス）

『利休の逸話』　筒井紘一（淡交社）
『Ｐｅｎブックス　千利休の功罪。』　木村宗慎・監修、ペン編集部・編（ＣＣＣメディアハウス）
『千利休　無言の前衛』　赤瀬川原平（岩波新書）
『もしも利休があなたを招いたら』　千宗屋（角川新書）
『古田織部』　諏訪勝則（中公新書）
『千利休』　村井康彦（講談社学術文庫）
『千利休の創意』　矢部良明（角川書店）
『へうげもの古田織部伝』　桑田忠親・著、矢部誠一郎・監修（ダイヤモンド社）

『松尾芭蕉（人物叢書）』　阿部喜三男（吉川弘文館）
『芭蕉入門』　井本農一（講談社学術文庫）
『芭蕉の山河』　加藤楸邨（講談社学術文庫）
『芭蕉の門人』　堀切実（岩波新書）

『北斎』　大久保純一（岩波新書）
『北斎漫画』　清水勲（平凡社新書）
『画狂人北斎』　瀬木慎一（講談社現代新書）
『葛飾北斎（歴史文化ライブラリー）』　永田生慈（吉川弘文館）
『葛飾北斎伝』　飯島虚心（岩波文庫）

本書は二〇一七年三月に小社から単行本で刊行された
『「型破り」の発想力』を文庫化したものです。

祥伝社黄金文庫

「型《かた》破《やぶ》り」の発《はつ》想《そう》力《りょく》
武蔵《むさし》・芭蕉《ばしょう》・利休《りきゅう》・世《ぜ》阿《あ》弥《み》・北斎《ほくさい》に学《まな》ぶ

令和3年11月20日　初版第1刷発行

著　者　齋藤《さいとう》　孝《たかし》

発行者　辻　浩明

発行所　祥伝社《しょうでんしゃ》

〒101－8701
東京都千代田区神田神保町3－3
電話　03（3265）2084（編集部）
電話　03（3265）2081（販売部）
電話　03（3265）3622（業務部）
www.shodensha.co.jp

印刷所　萩原印刷

製本所　ナショナル製本

　ISBN978-4-396-31816-1 C0195